CONTEÚDO DIGITAL PARA ALUNOS
Cadastre-se e transforme seus estudos em uma experiência única de aprendizado:

1 Entre na página de cadastro:
https://sistemas.editoradobrasil.com.br/cadastro

2 Além dos seus dados pessoais e dos dados de sua escola, adicione ao cadastro o código do aluno, que garantirá a exclusividade do seu ingresso à plataforma.

3202844A6243239

3 Depois, acesse: https://leb.editoradobrasil.com.br/
e navegue pelos conteúdos digitais de sua coleção :D

Lembre-se de que esse código, pessoal e intransferível, é valido por um ano. Guarde-o com cuidado, pois é a única maneira de você acessar os conteúdos da plataforma.

CB037154

Editora do Brasil

Roseni Rudek
- Licenciada em Geografia pela Universidade Federal do Paraná (UFPR)
- Professora da rede particular de ensino

Lilian Sourient
- Licenciada em Ciências Sociais pela Universidade Federal do Paraná (UFPR)
- Professora municipal por 30 anos

3º ANO
Ensino Fundamental
Anos Iniciais

GEOGRAFIA

Palavra de origem africana que significa "contador de histórias, aquele que guarda e transmite a memória do seu povo".

São Paulo, 2019
4ª edição

Dados Internacionais de Catalogação na Publicação (CIP)
(Câmara Brasileira do Livro, SP, Brasil)

Rudek, Roseni
  Akpalô geografia, 3º ano / Roseni Rudek, Lilian Sourient. – 4. ed. – São Paulo : Editora do Brasil, 2019 – (Coleção akpalô).

  ISBN 978-85-10-07430-8 (aluno)
  ISBN 978-85-10-07432-2 (professor)

  1. Geografia (Ensino fundamental) I. Sourient, Lilian. II. Título. III. Série.

19-26198   CDD-372.891

Índices para catálogo sistemático:
1. Geografia: Ensino fundamental 372.891
Maria Paula C. Riyuzo - Bibliotecária - CRB-8/7639

Respeite o direito autoral

4ª edição/4ª impressão, 2025
Impresso na Melting Color

Avenida das Nações Unidas, 12901
Torre Oeste, 20º andar
São Paulo, SP – CEP: 04578-910
Fone: +55 11 3226-0211
www.editoradobrasil.com.br

© Editora do Brasil S.A., 2019
Todos os direitos reservados

Direção-geral: Vicente Tortamano Avanso

Direção editorial: Felipe Ramos Poletti
Gerência editorial: Erika Caldin
Supervisão de arte e editoração: Cida Alves
Supervisão de revisão: Dora Helena Feres
Supervisão de iconografia: Léo Burgos
Supervisão de digital: Ethel Shuña Queiroz
Supervisão de controle de processos editoriais: Marta Dias Portero
Supervisão de direitos autorais: Marilisa Bertolone Mendes

Coordenação editorial: Júlio Fonseca
Coordenação pedagógica: Josiane Sanson
Edição: Gabriela Hengles e Guilherme Fioravante
Assistência editorial: Manoel Leal de Oliveira, Marina Lacerda D'Umbra e Patrícia Harumi
Auxílio editorial: Douglas Bandeira
Consultoria técnica: Gilberto Pamplona
Copidesque: Gisélia Costa, Ricardo Liberal e Sylmara Beletti
Revisão: Alexandra Resende, Andréia Andrade e Evelize Pereira
Pesquisa iconográfica: Elena Ribeiro, Priscila Ferraz e Ênio Lopes
Assistência de arte: Lívia Danielli
Design gráfico: Estúdio Sintonia e Patrícia Lino
Capa: Megalo Design
Imagem de capa: hedgehog94/iStockphoto.com, Khakimullin Aleksandr/Shutterstock.com e Rawpixel.com/Shuttherstock.com
Ilustrações: André Valle, Bruna Assis (aberturas de unidade), Christiane S. Messias, Cristiane Viana, Dayane Cabral Raven, Edson Farias, Estudio Kiwi, George Tutumi, Gutto Paixão, Ilustra Cartoon, Kau Bispo, Leonardo Conceição, Leonardo Fanelli, Marcos de Mello, Paula Haydee Radi, Paulo César Pereira, Simone Ziasch e Sonia Vaz.
Produção cartográfica: Alessandro Passos da Costa, DAE (Departamento de Arte e Editoração), Mário Yoshida e Sonia Vaz.
Coordenação de editoração eletrônica: Abdonildo José de Lima Santos
Editoração eletrônica: Sérgio Rocha
Licenciamentos de textos: Cinthya Utiyama, Jennifer Xavier, Paula Harue Tozaki e Renata Garbellini
Controle de processos editoriais: Bruna Alves, Carlos Nunes, Rafael Machado e Stephanie Paparella

Querido aluno,

O mundo provoca em nós grande curiosidade. Ele é bastante amplo, repleto de pessoas e de diferentes paisagens, mas também pode ser bem pequeno quando analisamos o espaço de vivência, que pode ser nossa casa ou a rua onde moramos, por exemplo.

Este livro foi escrito para você compreender melhor o lugar em que vive, as paisagens, as pessoas e a maneira pela qual elas se relacionam com o espaço e com os outros.

Nele você encontrará fotografias, ilustrações e mapas de diversos lugares, além de explicações, poemas, músicas, reportagens e textos que o ajudarão a entender o espaço geográfico.

As atividades são diversificadas e abordam inúmeras situações, nas quais você será convidado a refletir, descobrir, pesquisar e se divertir. E o principal: tudo isso despertará seu interesse pelo conhecimento.

Esta coleção foi feita para você. Esperamos que goste!

Aproveite bem o ano!

As autoras

Sumário

UNIDADE 1
Diferentes paisagens 6

Capítulo 1: A paisagem e seus elementos................................. 8
- Descobrindo a paisagem.................. 8
- Percebendo as paisagens.................. 9
- Os elementos da paisagem................ 11

Capítulo 2: Registros e planos de leitura das paisagens 14
- Analisando o registro da paisagem 14
- As formas de registro da paisagem............... 15

Capítulo 3: Sociedades e paisagens 20
- As sociedades constroem as paisagens 20
- Diferentes sociedades, diferentes paisagens 21

Capítulo 4: Desenhando as paisagens 28
- As paisagens do caminho 28
- Fotografias e croquis................................... 29
  - ▸ **Como eu vejo:** Patrimônios na paisagem 34
  - ▸ **Como eu transformo:** Preservando a memória 36

▸ **Hora da leitura:** Paisagem nas histórias em quadrinhos 37
▸ **Revendo o que aprendi** 38
▸ **Nesta unidade vimos** 40
▸ **Para ir mais longe** 41

UNIDADE 2
Paisagens, natureza e lugar..........42

Capítulo 1: Paisagens e formas da superfície................................ 44
- Descobrindo as formas da paisagem 44
- Diferentes formas na superfície 45
- O ser humano transforma o relevo................ 49

Capítulo 2: Paisagens e água 52
- Colorindo a Terra 52
- A presença de água cria diferentes paisagens 53
- Os rios 55
- O ser humano altera os rios......................... 56
  - ▸ **#Digital:** Localização de corpos de água na paisagem 58

Capítulo 3: Paisagens, tempo, clima e vegetação 60
- A vegetação e o clima nas paisagens............ 60
- Paisagens e diferenças climáticas................. 61

Capítulo 4: Paisagens, ambiente e qualidade de vida 68
- Problemas ambientais na paisagem.............. 68
- As paisagens e seus poluentes..................... 69

▸ **Hora da leitura:** As condições do tempo nas tirinhas 74
▸ **Geografia em ação:** Cuidando das paisagens 75
▸ **Revendo o que aprendi** 76
▸ **Nesta unidade vimos** 78
▸ **Para ir mais longe** 79

UNIDADE 3
O rural e o urbano alteram a paisagem 80

Capítulo 1: Trabalho e paisagens 82
O ser humano interfere nas paisagens... 82
O trabalho nas paisagens urbanas e rurais.... 83

Capítulo 2: Solo: uso e degradação........ 92
Observe os arredores 92
Solo: problemas e soluções............................... 93

Capítulo 3: Água: um bem precioso 98
Uma carta importante 98
Água: importância e conservação 99
Não ao desperdício 101

Capítulo 4: Cuidando do ambiente...... 104
Quebra-cabeça 104
Melhoria das condições ambientais 105
  ▸ **Como eu vejo:** Alimentação saudável 110
  ▸ **Como eu transformo:** A escolha dos alimentos 112

▸ **Hora da leitura:** Reutilizar para preservar 113
▸ **Revendo o que aprendi** 114
▸ **Nesta unidade vimos** 116
▸ **Para ir mais longe** 117

UNIDADE 4
Mapas e localização 118

Capítulo 1: Representando os trajetos.. 120
Um mapa da vizinhança 120
Os pequenos mapas 121

Capítulo 2: Localização e pontos de referência 124
Seguindo as referências 124
Usando referências.. 125
  ▸ **#Digital:** Rota para a sua festa de aniversário! 128

Capítulo 3: Os mapas 130
Representações do espaço geográfico......... 130
Como são feitos os mapas 131

Capítulo 4: Elementos de um mapa 136
Representando lugares................................... 136
As legendas... 137
As escalas 138

▸ **Hora da leitura:** A importância dos mapas 142
▸ **Geografia em ação:** Mapas para todos! .. 143
▸ **Revendo o que aprendi** 144
▸ **Nesta unidade vimos** 146
▸ **Para ir mais longe** 147

Referências... 148
Atividades para casa................................. 149
Caderno de cartografia 181
Encartes... 185

UNIDADE 1
Diferentes paisagens

- O que você observa nesta paisagem?
- Você já esteve em uma paisagem semelhante a esta? Como ela era?
- Que sons você imagina que podem ser ouvidos neste local?

CAPÍTULO 1
A paisagem e seus elementos

Descobrindo a paisagem

Na imagem a seguir há uma paisagem escondida. Para descobrir o que é, é preciso pintá-la.

1 Pinte a imagem de acordo com as cores indicadas para cada número.

1. verde-claro
2. verde-escuro
3. azul-claro
4. marrom
5. vermelho
6. amarelo

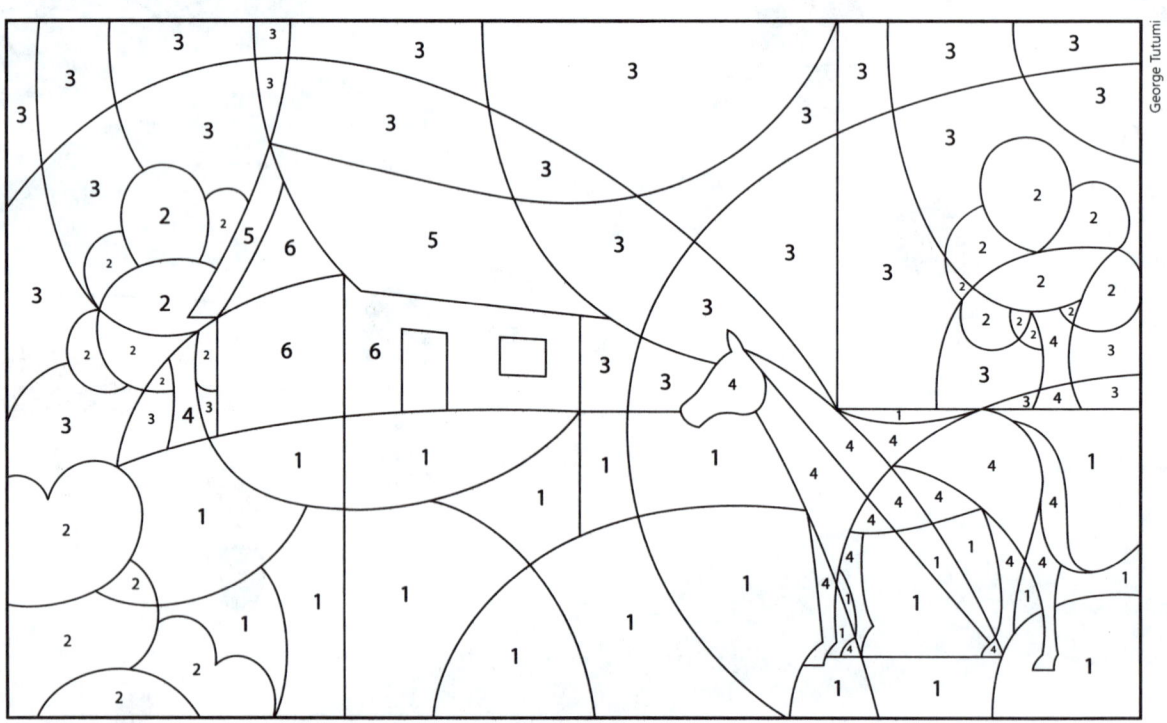

2 Quais são as semelhanças e as diferenças entre essa paisagem e a paisagem do lugar em que você vive?

Percebendo as paisagens

Na imagem da página anterior, os elementos (como as construções e os elementos naturais) são diferentes. A disposição e a combinação entre eles formam uma paisagem.

Mas, afinal, o que é paisagem? É tudo aquilo que podemos ver e perceber até onde nossa visão alcança. As paisagens são diferentes umas das outras. Cada uma revela características das relações entre sociedade e natureza. Observe dois exemplos nas fotografias.

▶ Aldeia Moikarako, de indígenas da etnia kayapó. São Félix do Xingu, Pará, 2016.

▶ Rua no município de Chã Preta, Alagoas, 2015.

A paisagem tem formas, cores, sons e cheiros. Cada pessoa percebe esses elementos de maneira diferente. Por isso, a paisagem se torna única para cada um.

Atividades

1. Em uma folha à parte, desenhe uma das paisagens que você vê no caminho para a escola. Mostre o desenho aos colegas e conte quais são os sons e cheiros que você percebe. Lembre-se de que tudo isso compõe a paisagem.

2. Quais são as semelhanças entre a paisagem que você desenhou e a paisagem desenhada pelos colegas?

3. Quais são as diferenças entre as paisagens desenhadas?

4. Observe a imagem a seguir. Depois faça o que se pede.

▶ Iporã do Oeste, Santa Catarina, 2015.

a) Essa paisagem é de:

☐ campo.   ☐ montanha.   ☐ praia.

b) Que cor predomina nessa paisagem? Pinte-a. ☐

c) Que sons você acha que existem nessa paisagem?

_____

_____

Os elementos da paisagem

As paisagens são compostas de diferentes elementos, e todos eles podem ser percebidos por nossos sentidos.

Os **elementos naturais** (da natureza) são os que existem sem que o ser humano os tenha construído ou modificado, por exemplo: as nuvens, as montanhas, o Sol, o mar, as florestas, os rios.

Os **elementos humanizados** ou culturais são aqueles criados ou modificados pelo ser humano por meio do trabalho, como ruas, construções, pontes e túneis.

Os **elementos naturais humanizados** são elementos naturais, mas sua organização e distribuição na paisagem foram determinadas pelos seres humanos, por exemplo, na fotografia abaixo as plantas formando um jardim.

A interação entre esses elementos forma diferentes paisagens.

Observe a fotografia a seguir. Quais elementos se destacam nesta paisagem?

▶ Santana dos Montes, Minas Gerais, 2016.

Cartografar

1. Observe as imagens a seguir. Em qual delas predominam elementos naturais e em qual predominam elementos humanizados?

▶ Peruíbe, São Paulo, 2016.

▶ Campinas, São Paulo, 2016.

2. Coloque sobre a primeira imagem acima uma folha de papel transparente (vegetal) e escolha cores para pintar os elementos. Que cores você usou? Por quê?

Atividades

1 Leia o trecho do texto a seguir. Depois faça o que se pede.

[...] da janela do meu quarto, eu via bem a cortina de montanhas desde Santa Teresa ao Andaraí. [...] Um pedaço do céu era violeta, um outro azul e havia mesmo uma parte que o **matiz** era puramente verde.

Olhei aquelas encostas cobertas de árvores, de florestas que quase desciam por elas abaixo até às ruas da cidade cortadas de bondes elétricos. [...]

Glossário

Matiz: diferentes tons de uma mesma cor; tonalidade.

Lima Barreto. *Recordações do escrivão Isaías Caminha*. Disponível em: <http://www.dominiopublico.gov.br/download/texto/bv000157.pdf>. Acesso em: abr. 2019.

a) Localize e pinte no texto o trecho a que se refere cada uma das imagens, de acordo com as cores indicadas.

- Azul-claro.

- Rosa.

- Amarelo.

- Verde-claro.

2 Quais são os elementos naturais e os elementos humanizados citados no texto da atividade 1?

CAPÍTULO 2 — Registros e planos de leitura das paisagens

Analisando o registro da paisagem

Podemos registrar uma paisagem de diferentes formas. Observe na tela a seguir um desses registros.

▶ Vincent van Gogh. *A ponte de Trinquetaille em Arles*, 1888. Óleo sobre tela, 64 cm × 80 cm.

1 Encontre na paisagem retratada:

a) dois barcos a vela;

b) uma ponte;

c) dois postes de iluminação pública;

d) uma construção ao lado do rio.

2 Faça, no quadro à direita, um desenho que continue a paisagem mostrada na tela de Van Gogh.

As formas de registro da paisagem

Você costuma fazer desenhos ou tirar fotografias dos locais que visita ou conhece? Viajantes e pesquisadores, por exemplo, representavam por meio de desenhos tudo o que observavam. Com base nesses desenhos, podemos conhecer algumas das características dos locais percorridos por essas pessoas.

Muitos artistas registraram paisagens por meio de pinturas. Esse trabalho artístico é um tipo de registro histórico de uma paisagem em determinado tempo. Ela pode ser comparada com a paisagem atual para a observação das modificações ocorridas.

▶ Arnaud Julien Pallière. *Vista de Vila Rica*, c. 1820. Óleo sobre tela, 36,5 cm × 96,8 cm. Vila Rica é como era chamada a cidade de Ouro Preto, em Minas Gerais.

▶ Centro histórico de Ouro Preto, Minas Gerais, 2016.

Um pouco mais sobre

Paisagem em prosa e verso

As paisagens também podem ser registradas na forma de depoimentos, versos e textos que trazem características de um local.

1 Leia o poema e responda às questões.

Memória

Há pouco tempo,
aqui havia uma padaria.
Pronto – não há mais.

Há pouco tempo
aqui havia uma casa,
cheia de cantos, recantos,
corredores impregnados
de infância e encanto.
Pronto – não há mais.

Uma farmácia,
uma quitanda.
Pronto – não há mais.

A cidade destrói, constrói,
reconstrói.
Uma árvore, um bosque.
Pronto – nunca mais.

Roseana Murray. *Paisagens*. Belo Horizonte: Lê, 2012.
Disponível em: <http://blogdaroseana.blogspot.com.br/2012/10/memoria.html>. Acesso em: abr. 2019.

a) Circule os desenhos que indicam o que existia na paisagem descrita pela poeta.

b) Sobre o que trata o poema?

_____

_____

Planos da paisagem

As paisagens também podem ser representadas por meio de fotografias. Em geral, essa forma é utilizada para o estudo das paisagens, pois a fotografia capta uma imagem real, com detalhes.

A visualização dos detalhes de uma fotografia depende do plano que eles ocupam na representação.

Na fotografia os elementos da paisagem estão divididos em planos, de acordo com a posição em que se encontram.

1. Em primeiro plano, encontram-se os elementos mais próximos de quem observa.
2. Depois há o segundo plano, onde está a área considerada intermediária, entre o primeiro e o terceiro.
3. No terceiro plano temos a área mais afastada do observador.

Na fotografia a seguir, o que é mais perceptível e o que está mais distante e menos detalhado?

▶ Triunfo, Pernambuco, 2015.

Cartografar

1 Agora é sua vez de fazer a leitura de uma paisagem. Forme dupla com um colega e, juntos, observem a imagem e façam o que se pede a seguir.

▶ Helen Allingham. *Os ceifeiros*, c. 1848-1926. Aquarela em papel, 15,9 cm × 23,5 cm.

a) Segundo os planos da paisagem, assinale com **X** em qual deles se localizam os elementos a seguir.

- trabalhadores

☐ primeiro plano   ☐ segundo plano   ☐ terceiro plano

- árvores

☐ primeiro plano   ☐ segundo plano   ☐ terceiro plano

b) Em quais planos da paisagem podem ser observadas as plantas cultivadas?

_____

c) Em qual plano é possível observar mais detalhes da paisagem?

_____

Atividades

1 Responda no caderno: De que formas uma paisagem pode ser registrada?

2 Relacione as colunas sobre os planos de leitura de uma paisagem.

a) primeiro plano

b) segundo plano

c) terceiro plano

☐ É a área mais afastada do observador.

☐ Nele se encontram os elementos mais próximos de quem os observa.

☐ É considerado intermediário, entre o primeiro e o terceiro planos.

3 Preste atenção nas diferenças decorrentes do ponto de vista e da distância da cena fotografada. Depois responda às questões.

▶ Visão geral da Catedral Metropolitana Nossa Senhora Aparecida e Esplanada dos Ministérios. Brasília, Distrito Federal, 2016.

▶ Catedral Metropolitana Nossa Senhora Aparecida. Brasília, Distrito Federal, 2014.

a) Em qual fotografia há uma visão mais ampla da paisagem registrada, mas com menor detalhamento? Circule-a.

b) Em qual imagem há mais detalhes do local fotografado? Por que isso ocorre?

19

CAPÍTULO 3
Sociedades e paisagens

As sociedades constroem as paisagens

Somente uma das sombras a seguir corresponde à primeira palafita, construção típica à beira de rios adaptadas aos períodos de inundação. Qual sombra é a verdadeira? Marque com **X**.

1 Você já viu construções como essas? Onde?

2 Qual foi a solução encontrada por moradores de áreas sujeitas a inundações para que as casas não sejam alagadas?

3 Você conhece outros exemplos de construções que foram adequadas às características do lugar em que se encontram? Dê exemplos.

Diferentes sociedades, diferentes paisagens

Por meio do trabalho, o ser humano modifica a paisagem, ou seja, cada tipo de atividade econômica cria uma paisagem. Da mesma forma, cada sociedade imprime na paisagem sua história, seus valores e sua cultura. A paisagem revela a realidade de um espaço num dado momento, mostrando o modo de vida das pessoas, a relação entre elas e delas com a natureza.

A paisagem ao lado revela como os japoneses valorizam os aspectos naturais e preservam a história e a cultura conservando antigos templos e castelos.

A paisagem abaixo mostra a cidade de Amsterdã, na Holanda, que é cortada por canais. Seus habitantes ocupam esses canais morando em casas-barcos, por exemplo.

▶ Nagano, Japão, 2015.

▶ Amsterdã, Holanda, 2017.

As paisagens também expressam, por meio de suas construções e de como o ser humano ocupa o espaço, as desigualdades sociais de um lugar. Observe a imagem.

▶ Comunidade de Paraisópolis, localizada no bairro do Morumbi, área nobre da cidade de São Paulo, São Paulo, 2016.

A paisagem também pode registrar diferentes momentos de uma mesma sociedade. Na fotografia a seguir podemos perceber que construções antigas estão ao lado de construções modernas.

Que diferenças você observa nas paisagens das fotografias? Você já viu paisagens como essas? Quais são as semelhanças e diferenças dessas paisagens em relação às do lugar em que você vive?

▶ Theatro da Paz, no centro histórico de Belém, Pará, 2014.

Atividade

1 Destaque a página 185 da seção **Encartes**, recorte os desenhos e cole-os no lugar correspondente.

Paisagem que destaca aspecto histórico de uma sociedade.

Paisagem que destaca aspecto cultural de uma sociedade.

Paisagem que destaca desigualdade social de uma sociedade.

Paisagem que destaca aspecto econômico de uma sociedade.

Os grupos sociais e as paisagens

Um grupo social é formado por pessoas com as mesmas características culturais, costumes e tradições que os identificam.

Vamos conhecer alguns grupos sociais e seus diferentes modos de vida.

Indígenas

No Brasil existem 252 povos indígenas. Eles são semelhantes no modo de viver e de se relacionar com a natureza, mas também são diferentes entre si. Cada povo tem uma história, um conhecimento único acerca da vida. Eles se distinguem ainda na forma de organizar as aldeias, criando assim diferentes paisagens. Esses povos falam mais de 150 línguas diversas. Os povos indígenas somam, segundo o Censo 2010 do IBGE, quase 900 mil pessoas. A maior parte dessa população distribui-se por milhares de aldeias, situadas no interior de 704 terras indígenas do país.

▶ Aldeia do Deminí, da etnia indígena yanomami. Barcelos, Amazonas, 2012.

Quilombolas

Os quilombolas vivem em terras de antigos quilombos, onde escravos fugidos se refugiavam, e preservam as tradições dos antepassados. Nos quilombos também viviam indígenas e homens livres, mestiços ou brancos pobres. Alguns quilombolas residem em áreas urbanas, mas a maioria habita áreas rurais e vive do trabalho no campo.

▶ Grupo de quilombolas. Cabo Frio, Rio de Janeiro, 2015.

Sertanejos

Os sertanejos formam um grupo que vive em áreas do interior nordestino atingidas por longos períodos de seca. Criam gado e cultivam alimentos, como o milho. Para conseguir água nos períodos em que não chove e o solo fica ressecado, deslocam-se até onde há caminhões-pipa ou reservatórios de água, como os **açudes**. Também constroem cisternas para armazenar água.

▶ Sertanejo transporta água em carro de boi. Monteiro, Paraíba, 2015.

Glossário

Açude: construção que represa água de córregos, rios etc. para ser usada nos períodos de seca.

Caiçaras

Caiçara é o grupo social formado por pescadores tradicionais que vivem nas áreas litorâneas dos estados do Paraná, São Paulo e parte do Rio de Janeiro. Os caiçaras usam os recursos naturais encontrados entre o mar e a floresta para alimentação e construção de moradias, redes e canoas. Vivem da pesca artesanal, da venda de artesanato e do turismo.

▶ Caiçaras levam embarcação para o mar. Paraty, Rio de Janeiro, 2016.

Ribeirinhos

Os ribeirinhos vivem às margens dos rios, na Amazônia. O rio é fundamental para eles, pois é dele que obtêm alimentos e é nele que se locomovem. Você viu um exemplo de moradia dos ribeirinhos, a palafita, na abertura deste capítulo. Ao construir casas e planejar plantações, os ribeirinhos consideram os períodos em que o rio tem maior ou menor volume de água.

▶ Comunidade ribeirinha na margem do Rio Tapajós. Itaituba, Pará, 2017.

Um pouco mais sobre

O modo de vida dos zo'é

Como os zo'é entendem seu território?

Os zo'é são índios que vivem nas proximidades do Rio Cuminapanema, no norte do Pará, e que falam uma língua da família Tupi-Guarani. Eles ocupam seu território realizando movimentos de deslocamento e de concentração da população nas aldeias; já o tempo é distribuído em períodos dedicados às roças e às expedições de caça, pesca e coleta.

▶ Aldeia da etnia zo'é. Oriximiná, Pará, 2008.

Em sua língua não existe uma palavra específica para "território", o termo que mais se aproxima disso é -*koha*, que pode ser traduzido como "modo de vida", "bem viver" ou "qualidade de vida". Esse termo inclui elementos como as condições ambientais e as formas de cuidar dos recursos necessários para viver, mas também pode significar o modo como os zo'é se organizam no espaço, divididos em pequenos grupos de parentes morando em lugares separados.

PIB Mirim. *Onde estão*. Disponível em: <https://pibmirim.socioambiental.org/onde-estao>. Acesso em: abr. 2019.

1. Onde vivem os indígenas zo'é?

2. Quais são as diferenças entre o modo de vida dos indígenas zo'é e o seu modo de vida?

3. Existem vários povos indígenas no Brasil, e alguns indígenas vivem fora das aldeias. Você convive com algum indígena? Se sim, comente com os colegas diferenças e semelhanças, se houver, no modo de viver e de ser entre vocês.

Atividades

1 As festas populares também compõem a paisagem. Um exemplo é o Bumba Meu Boi, festa folclórica brasileira que reúne traços dos três principais grupos que formaram o povo brasileiro: europeu, indígena e africano. Na apresentação, que ocorre principalmente em Festas Juninas, todos encenam e dançam durante a exibição, que pode durar horas.

a) O professor contará a história do Bumba Meu Boi. Na imagem a seguir, identifique os personagens e, no caderno, faça a relação entre eles e os grupos de diferentes origens que formaram nosso povo. Depois pinte o desenho.

2 Em sua comunidade, como você consegue perceber a contribuição dos grupos sociais estudados?

_____

_____

_____

CAPÍTULO 4 — Desenhando as paisagens

As paisagens do caminho

Compreendemos que, quando observamos uma paisagem, podemos fotografar ou fazer um desenho para representá-la.

Joana desenhou o caminho que faz para ir à escola. Ficou faltando pintar. Vamos ajudá-la? Você deverá usar as mesmas cores para pintar elementos iguais ou semelhantes.

Gutto Paixão

Os elementos não estão representados proporcionalmente entre si e seu tamanho não corresponde ao tamanho real.

1. Que cor você usou para a vegetação?

2. E para as construções, como casas e escola?

3. Qual cor você usou para as vias de transporte?

Fotografias e croquis

Observe agora a fotografia de uma paisagem e sua representação por meio de um desenho. Que informações podemos obter dos dois tipos de imagem? Você consegue relacionar, tanto na fotografia quanto no desenho, os elementos que compõem a paisagem?

▶ Delfinópolis, Minas Gerais, 2016.

Onde a paisagem está localizada?

Quando a paisagem foi fotografada?

Paisagem de Delfinópolis, Minas Gerais

O desenho da página anterior é um croqui, isto é, um esboço, um desenho simplificado, usado para representar um lugar, uma paisagem ou um caminho. Os croquis podem variar em relação ao tipo de visão apresentada e à técnica de quem fez o desenho. Apesar de o croqui ser simplificado, sua elaboração deve obedecer a algumas regras. Conheça algumas delas e confira-as nas imagens.

- Utilizar símbolos, cores ou traços que representem os elementos observados.
- Manter a posição dos elementos que serão representados.
- Manter a proporção quanto ao tamanho dos elementos e quanto à distância entre eles.
- Criar um título que faça referência à localização e à característica destacada nos elementos desenhados.

Observe agora um croqui elaborado por uma comunidade indígena xavante para representar a aldeia em que vive.

Croqui de roças e rios na aldeia Wederã, da etnia xavante

▶ Terra Indígena Pimentel Barbosa, Mato Grosso, 2016.

Cartografar

Os croquis também podem ser elaborados para facilitar nossos deslocamentos. Observe o croqui que Lucas fez indicando o caminho para ir do campo de futebol até a moradia dele.

Caminho do campo de futebol até a moradia do Lucas

1 Quando segue em direção à sua moradia, o que Lucas observa:

a) do lado direito? _____

b) do lado esquerdo? _____

2 Que elemento pode ser indicado como referência por estar em frente à moradia de Lucas?

_____

3 Assinale com setas outro caminho possível para chegar até a moradia de Lucas. Circule nesse caminho um elemento que está do lado esquerdo e que pode ser utilizado como referência para indicar a localização da casa dele.

4 Faça com os colegas e o professor uma observação dos arredores da escola. Anote os elementos que podem ser utilizados como referências de localização. Depois desenhe no espaço a seguir a rua da escola e ruas próximas que tenha visto. Indique no desenho:

a) a posição da escola;

b) o nome das ruas próximas à escola;

c) os elementos naturais ou culturais que podem ser usados para facilitar a localização da escola.

Atividades

Observe a fotografia e responda às questões 1 e 2.

▶ Abaíra, Bahia, 2016.

1 Onde a paisagem da imagem está localizada?

_____

2 Quando essa paisagem foi fotografada?

_____

3 Agora é sua vez de fazer o croqui da paisagem apresentada. Use uma folha avulsa. Lembre-se de que você deverá usar desenhos, símbolos ou cores para representar o que foi fotografado. Depois de pronto, mostre seu trabalho para os colegas.

Como eu vejo

Patrimônios na paisagem

Podemos encontrar diversos patrimônios nas paisagens, ou seja, bens materiais e imateriais que contam a história de um povo e sua relação com o meio ambiente. É a herança que recebemos e transmitimos às gerações futuras.

Os **parques** são um elemento natural humanizado, porque sua organização e localização foram determinadas pelos seres humanos. Em algumas cidades há parques considerados patrimônios.

O **patrimônio cultural** conta a história e os costumes de um povo por meio de elementos como arquitetura, religião, artes, dança, entre outros. **Monumentos**, por exemplo, são patrimônios culturais materiais que celebram uma ou mais pessoas ou um acontecimento relevante da história de uma comunidade.

Grandes áreas de preservação ambiental, como reservas, podem ser consideradas **patrimônios naturais**.

Referências
Iphan. *Patrimônio Cultural*. Disponível em: <http://portal.iphan.gov.br/pagina/detalhes/218>. Acesso em: abr. 2019.
Secretaria da Cultura do Paraná. *Patrimônio natural*. Disponível em: <www.patrimoniocultural.pr.gov.br/modules/conteudo/conteudo.php?conteudo=21>. Acesso em: abr. 2019.
PORTAL BRASIL. *Conheça as diferenças entre patrimônios materiais e imateriais*. Disponível em: <www.brasil.gov.br/cultura/2009/10/conheca-as-diferencas-entre-patrimonios-materiais-e-imateriais>. Acesso em: abr. 2019.

Festas como Carnaval, São João, Bumba Meu Boi, entre outras, são formas de patrimônio cultural imaterial, ou seja, manifestações culturais expressas com músicas, celebrações, lendas e tradições. Quando estão sendo realizadas, essas festas compõem a paisagem.

Patrimônios históricos são um conjunto de bens que contam a história de uma geração por meio da arquitetura, dos meios de transporte, das obras de arte etc.

As pessoas modificam os espaços para atender às próprias necessidades. Assim, **patrimônios históricos materiais**, como um casarão antigo, podem ser modificados e usados como escola, por exemplo.

1. No lugar onde você mora existem construções que são consideradas patrimônio histórico? Quais?
2. Por que é importante preservar o patrimônio histórico e cultural?

Como eu transformo

Preservando a memória

Arte — História — Língua Portuguesa

O que vamos fazer?
Exposição de gravuras e informações a respeito de patrimônios históricos da comunidade.

Com quem fazer?
Com os colegas, o professor e as pessoas da comunidade local.

Para que fazer?
Para conhecer melhor a história desses locais e as manifestações culturais e artísticas das pessoas que participam da comunidade em que você vive.

Como fazer?

1. Converse com o professor e os colegas sobre os edifícios locais considerados importantes para a comunidade. Troquem ideias também sobre o significado do termo "patrimônio histórico".

2. Reúna-se com dois colegas e, juntos, verifiquem se há, na cidade ou no estado em que moram, algum patrimônio histórico, por exemplo: edifícios, parques, monumentos etc.

3. Escolham o patrimônio que mais chamou a atenção do grupo, procurem fotografias do local e imprimam ou recortem-nas para colá-las no painel que será montado por toda a turma.

4. Procurem informações sobre o patrimônio e o motivo de ele ter se tornado tão importante; elaborem um resumo do que leram para contar aos colegas.

5. Escrevam essas informações em uma folha de papel e fixem-na no painel, próximo às imagens correspondentes.

6. Organizem, com o resto da turma e o professor, a exposição dos trabalhos. A ideia é sensibilizar as pessoas sobre a importância da preservação de um patrimônio.

> Você acha que cuida bem dos espaços que frequenta? Por quê?

Hora da leitura

Paisagem nas histórias em quadrinhos

Leia a história em quadrinhos e depois responda às questões.

1. Como o personagem Cebolinha representou a paisagem?

2. Na história, o personagem desenha alguns elementos para compor uma paisagem que ele mesmo retrata depois. Quais são os elementos desenhados e depois retratados?

3. De que outras formas o personagem poderia representar essa paisagem?

Revendo o que aprendi

1 Na escola, Tiago e Paula estudaram as paisagens. Pinte o desenho que apresenta a afirmação correta.

As paisagens estão sempre se transformando.

As paisagens são sempre muito semelhantes.

2 Com relação ao exercício anterior, justifique, com um exemplo, a escolha da alternativa correta.

3 Ainda em relação ao exercício 1, corrija a alternativa que está incorreta.

_____

_____

4 Desenhe a paisagem que você vê quando está na porta de saída da escola. Depois responda: Quais elementos predominam nela?

_____

_____

_____

_____

_____

5 Observe as fotografias e numere-as de acordo com a característica da sociedade retratada em cada paisagem.

- **1** desigualdade social
- **2** construções de diferentes períodos
- **3** cultural
- **4** trabalho

▶ Bairro Recife Antigo. Recife, Pernambuco, 2017.

▶ Corrida feminina de toras na Aldeia Moikarakô. São Félix do Xingu, Pará, 2016.

▶ Agricultor em meio à plantação de cebola. Iraquara, Bahia, 2016.

▶ Palafitas e prédios residenciais em São Luís, Maranhão, 2016.

6 Escolha uma das fotografias anteriores e, em uma folha de papel, elabore um croqui da paisagem retratada.

Nesta unidade vimos

- Paisagem é tudo aquilo que podemos ver e perceber no espaço. As paisagens têm formas, cores, cheiros e sons e são formadas por elementos naturais (da natureza) ou humanizados (criados ou modificados pelo ser humano).

▸ A interação entre os elementos forma as paisagens, como observamos na página 11.

- Podemos observar as paisagens em planos. Fotografias, pinturas e textos escritos – como poemas ou letras de canção – são exemplos de registros das paisagens. Cada sociedade imprime na paisagem sua história, seus valores e sua cultura.

▸ As imagens têm elementos mais perceptíveis e outros menos detalhados, como vimos na página 17.

- Aprendemos a desenhar as paisagens por meio de croquis. Croqui é um esboço, um desenho simplificado que representa um lugar, uma paisagem ou um caminho.

▸ Apesar de simplificado, o croqui deve seguir algumas regras, como visto na página 29.

Para finalizar, responda:
- O que é uma paisagem?
- Como uma paisagem pode ser registrada?

Para ir mais longe

Livros

▶ **O menino e o vento**, de Regina Machado. São Paulo: Companhia das Letrinhas, 2015.

Em uma longa viagem, um menino aventura-se em diversas paisagens.

▶ **Na Rua do Sabão**, de Manuel Bandeira. São Paulo: Global Editora, 2013.

Recordações da infância, doces lembranças poéticas e divertidas ilustram esse livro do poeta pernambucano.

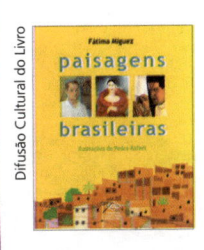

▶ **Paisagens brasileiras**, de Fátima Miguez. São Paulo: Difusão Cultural do Livro, 2003.

O livro contém 20 poemas que retratam o povo e as tradições brasileiras por meio de obras de grandes artistas, como Tarsila do Amaral e Lasar Segall.

▶ **Um dia na aldeia**, de Daniel Munduruku. São Paulo: Melhoramentos, 2012.

Relata o dia a dia de um menino indígena em sua aldeia por meio de jogos e brincadeiras, que revelam o lugar, os costumes e sua cultura.

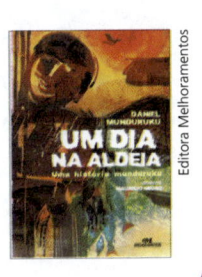

Filme

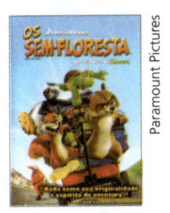

▶ **Os Sem-Floresta.** Direção de Tim Johnson, Karey Kirkpatrick. EUA: Paramount Pictures, 2006, 95 min.

Cidade e floresta misturam-se no filme, e os personagens aventuram-se na descoberta de novas paisagens.

Sites

▶ **Jogo das paisagens:** <www.geografia7.com/jogo-das-paisagens.html>.

Nesse jogo, você deve passar o *mouse* sobre a tela para conhecer algumas características de uma paisagem a fim de saber se há nela predominância de elementos naturais ou culturais.

▶ **Sea Change:** <www.michaelmarten.com/thumbnails.php?gallNo=2&catNo=2>.

É possível observar, nesse *site*, imagens de paisagens modificadas pelo mar.

UNIDADE 2
Paisagens, natureza e lugar

Bruna Assis

- O que é possível observar na paisagem em relação aos elementos que a compõem?
- O que é possível observar em relação às características da paisagem, como terreno, presença ou não de água, o tipo da vegetação etc.?

CAPÍTULO 1

Paisagens e formas da superfície

Descobrindo as formas da paisagem

Ao observarmos as paisagens, podemos perceber diferentes formas. Às vezes o lugar é plano e, em outras, ondulado. Algumas vezes encontramos essas duas formas no mesmo local.

Um desenhista estava olhando as formas da paisagem abaixo e resolveu copiá-la, mas acabou cometendo sete erros.

1 Descubra e assinale esses erros.

Simone Ziasch

2 Agora responda às questões a seguir.

a) No primeiro plano da paisagem, a superfície é plana ou ondulada?

b) E no terceiro plano?

Diferentes formas na superfície

Ao observar a paisagem da página anterior, você percebeu que ela tem diferentes formas. Isso acontece porque a superfície terrestre é irregular: existem áreas mais elevadas e outras mais baixas, algumas planas e outras com ondulações. A essas variações na forma da superfície do planeta damos o nome de **relevo**. Veja nas fotografias alguns exemplos de paisagens com diferentes formas na superfície terrestre.

▶ Medina, Minas Gerais, 2016.

As montanhas são as maiores elevações da superfície terrestre. O **cume** delas pode ser arredondado ou pontiagudo, e suas encostas cobertas por vegetação ou rocha. Nas áreas mais baixas, ao pé das montanhas, a presença humana é mais comum.

Glossário

Cume: ponto ou parte mais alta (de monte, serra etc.).

Em outras áreas, a superfície é plana, geralmente ao longo dos rios e do litoral. Nelas há ocupação humana com construções e atividades agrícolas e pecuárias.

▶ Praia do Gunga. Barra de São Miguel, Alagoas, 2016.

▶ Plantações de milho e café em área serrana. Bueno Brandão, Minas Gerais, 2016.

Nas áreas onduladas, as pessoas também constroem moradias e desenvolvem atividades de plantio e criação de animais.

As formas de relevo apresentam grande variação de altitude. Para determinar a altitude, usamos o nível do mar como ponto de referência.

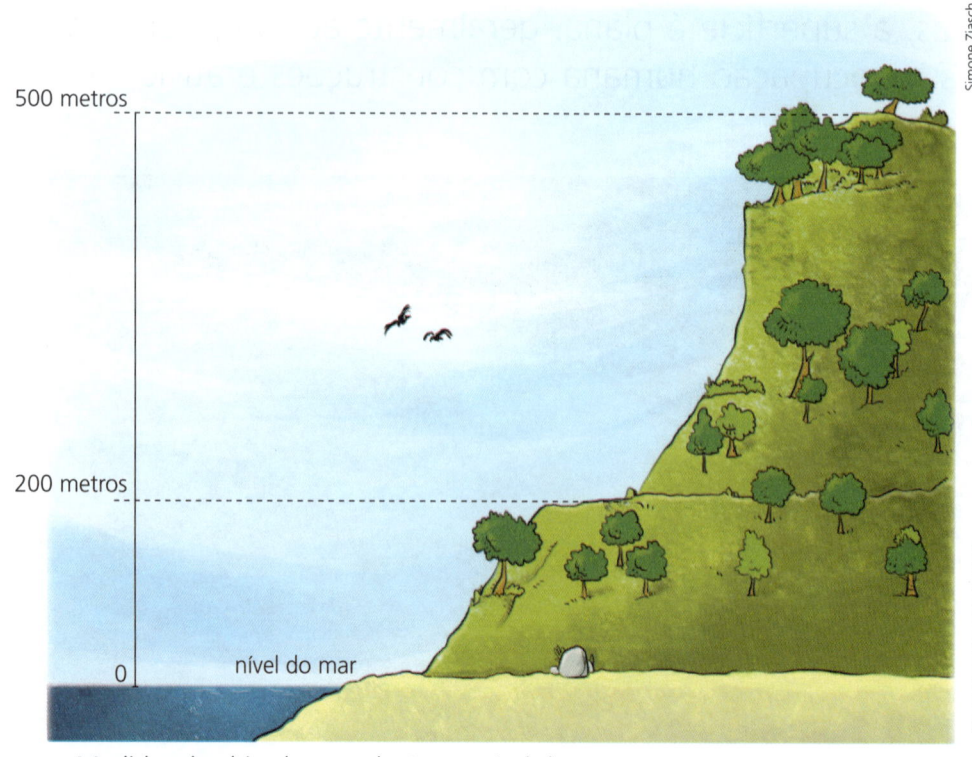

▶ Medidas de altitude em relação ao nível do mar.

Na figura foram utilizadas cores-fantasia. Os elementos não estão representados proporcionalmente entre si e seu tamanho não corresponde ao tamanho real.

Atividades

1. Com base no que você leu e observou nas imagens, explique o que é relevo.

   _____

   _____

2. Qual das paisagens apresentadas nas páginas anteriores retrata o relevo do lugar em que você vive?

   _____

   _____

3. Em qual forma de relevo você acha que é mais difícil o ser humano realizar suas atividades? Por quê?

   _____

   _____

4. Observe a fotografia e responda: Que atividades podem ser desenvolvidas neste lugar, considerando a forma de relevo dele?

   _____

   _____

   _____

   _____

▶ Campo com vegetação arbustiva e capões nativos. São Borja, Rio Grande do Sul, 2017.

Gerson Gerloff/Pulsar Imagens

Um pouco mais sobre

Como o relevo é transformado?

Nas diferentes paisagens, as formas da superfície estão sendo transformadas pela ação lenta de agentes, como a chuva, o vento, a ação da água dos rios e mares e a alteração da temperatura.

A ação constante do vento e da chuva durante milhares de anos vai lentamente desgastando as rochas e mudando seu formato. A esse processo damos o nome de **erosão**.

Os sedimentos que o vento ou a chuva retiraram das rochas são transportados e depositados em outras regiões, alterando a forma do relevo. A esse processo de acumulação de sedimentos damos o nome de **sedimentação.**

Glossário

Sedimento: pedaço de solo ou de rocha decomposto em pequenas partes ou até em pó.

▶ Erosão.

▶ Sedimentação.

Responda:

1. Uma montanha sofre processo erosivo ou de sedimentação? Explique sua resposta.

_____

_____

O ser humano transforma o relevo

O ser humano também é um agente modificador do relevo. Sua ação sobre a superfície do planeta provoca rápidas mudanças na paisagem. As sociedades modificam o relevo para atender às suas necessidades.

Observe dois exemplos da ação humana alterando o relevo.

▶ Aplainamento do terreno para a construção de terminal ferroviário. Cascavel, Paraná, 2013.

▶ Encosta da Serra do Rio do Rastro cortada por rodovia. Bom Jardim da Serra, Santa Catarina, 2015.

Atividades

1 Circule na ilustração as modificações feitas pelo ser humano no relevo.

2 Identifique a finalidade de cada alteração circulada na atividade 1 e registre suas observações.

_____

_____

_____

_____

3 As imagens a seguir representam as transformações no relevo causadas pela ação humana. Porém elas estão fora de ordem. Numere-as de acordo com a sequência correta.

Agora crie uma história com base nessas imagens. Seu texto deve ter título, contar como era a paisagem, que alterações ocorreram na superfície terrestre, quem foi responsável por essas alterações e com que finalidade essas mudanças foram feitas.

_____

_____

_____

_____

_____

_____

_____

CAPÍTULO 2

Paisagens e água

Colorindo a Terra

Você já viu uma foto do nosso planeta visto do espaço? Foi viajando em uma astronave que o ser humano pôde ver como é a Terra, o planeta em que habitamos.

1 Pinte o desenho de acordo com a legenda e descubra o que os astronautas visualizaram quando foram ao espaço.

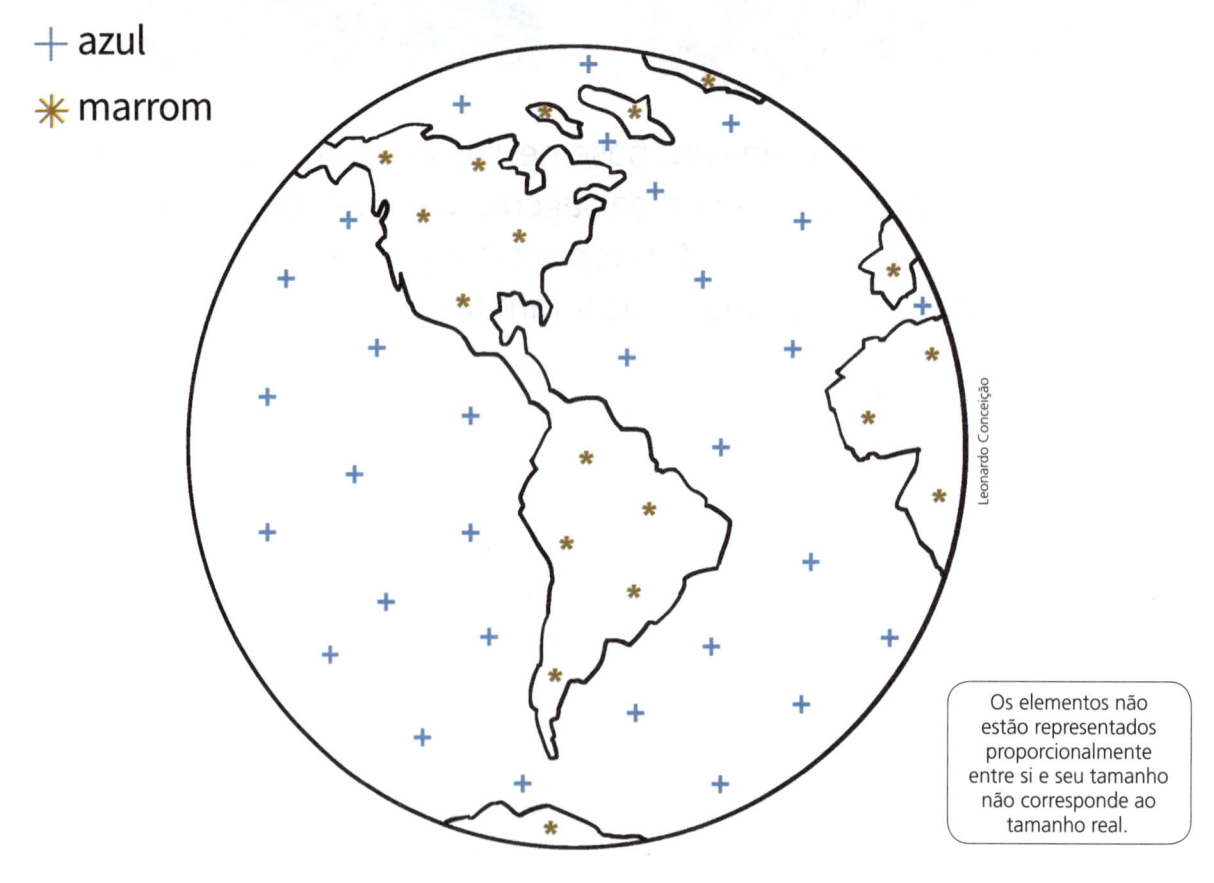

+ azul

✳ marrom

Os elementos não estão representados proporcionalmente entre si e seu tamanho não corresponde ao tamanho real.

a) O que surgiu após a pintura do desenho?

b) Em sua opinião, o que significa a área que foi colorida de azul?

c) Em sua opinião, o que significa a área que foi colorida de marrom?

A presença de água cria diferentes paisagens

Como você pôde perceber na atividade anterior, a maior parte da superfície terrestre é composta de água. Esse elemento natural, indispensável para a vida no planeta, é encontrado em vários locais e cria diferentes paisagens.

Observe as imagens a seguir.

▶ Geleira do Glaciar Perito Moreno. El Calafate, Argentina, 2015.

▶ Lago Paranoá. Brasília, Distrito Federal, 2016.

▶ Rio São Francisco. Delmiro Gouveia, Alagoas, 2016.

▶ Mar quebrando na Praia de Coqueirinho. Conde, Paraíba, 2016.

Nas geleiras, a água encontra-se em estado sólido. Nos lagos, rios e mares, em estado líquido.

Atividades

1 Você conhece alguma paisagem parecida com as retratadas nas fotografias da página anterior? Conte à turma onde fica esse local e quais são suas impressões sobre ele.

2 Identifique nas imagens formas de aproveitamento da água.

▶ Família pescando. Londrina, Paraná, 2017.

▶ Criança tomando banho, 2015.

▶ Arroz sendo feito no fogão a lenha. Turmalina, Minas Gerais, 2015.

▶ Irrigação de plantação em Campo Mourão, Paraná, 2016.

_____

_____

3 E na sua escola, a água é usada em quais atividades?

_____

_____

Os rios

Os rios são cursos de água naturais que percorrem um caminho, deslocando-se de regiões mais altas para regiões mais baixas.

Vamos conhecer as partes de um rio? Leia as informações e localize-as na ilustração a seguir.

Na figura foram utilizadas cores-fantasia. Os elementos não estão representados proporcionalmente entre si e seu tamanho não corresponde ao tamanho real.

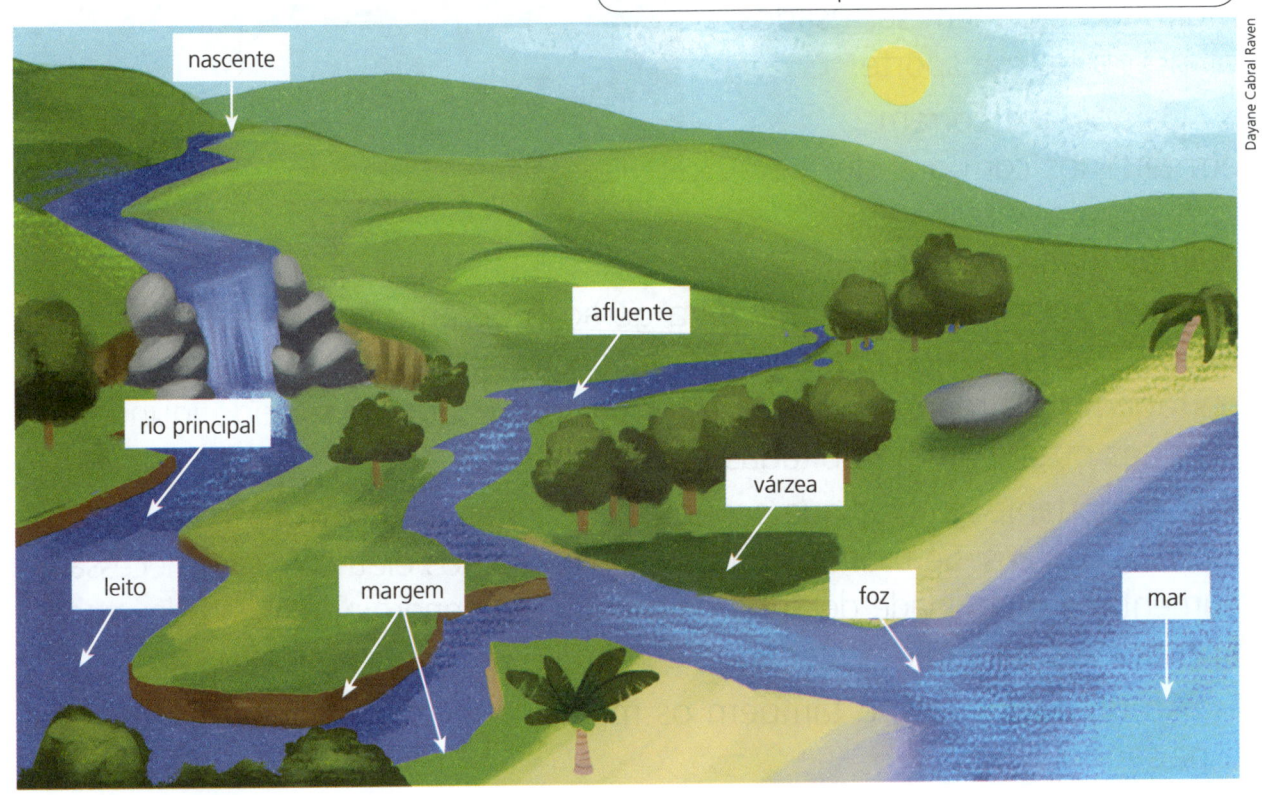

- **Nascente:** local em que o rio nasce. Localiza-se num ponto mais alto que a foz e surge de fontes subterrâneas, do degelo ou de um lago.
- **Foz:** parte final do rio, onde ele despeja suas águas. Pode ser no mar, em um lago ou em outro rio.
- **Margens:** local ao lado do rio onde a água se encontra com a terra.
- **Leito:** onde a água do rio corre.
- **Afluente:** rio menor que despeja suas águas em outro rio principal.
- **Várzea:** terrenos baixos e mais ou menos planos que se encontram junto às margens de um rio.

O ser humano altera os rios

O relevo por onde o rio corre influencia na forma de aproveitamento de suas águas. Os rios que correm por terrenos planos e não são muito rasos podem ser usados como via de transporte.

Os rios que correm em terrenos com grande inclinação e apresentam quedas-d'água em seu

▶ Usina Hidrelétrica de Xingó, no Rio São Francisco. Canindé de São Francisco, Sergipe, 2015.

percurso podem ser utilizados para geração de energia elétrica por meio de uma usina hidrelétrica. Para construí-la, geralmente faz-se uma barragem para represar a água e forma-se um lago, que pode inundar florestas ou até áreas habitadas por pessoas.

É importante lembrar que economizar energia elétrica conserva os recursos hídricos. Se usarmos muitos equipamentos elétricos, será necessário aumentar a quantidade de água para gerar essa energia, por isso devemos ficar atentos para não gastar água e energia além do necessário.

Ao utilizar os rios, e também os mares ou lagos, o ser humano altera a paisagem.

Nas margens dos rios usados como via de transporte, em alguns trechos são construídos atracadouros para o embarque e desembarque de pessoas e mercadorias.

Caso o rio tenha algum desnível que impossibilite o transporte, podem ser construídas eclusas, ou seja, grandes estruturas de concreto que funcionam como elevadores aquáticos, possibilitando a uma embarcação passar da parte mais alta para a parte mais baixa de um rio e vice-versa.

▶ Eclusa de Tucuruí. Pará, 2014.

Nas grandes cidades é comum haver rios que foram canalizados, e suas águas passam por tubulações ou canais de concreto seguindo um traçado reto. Essas obras são feitas para facilitar a ocupação das áreas que margeiam os rios, permitindo abertura de ruas e construção de edificações. Contudo, essas alterações destroem a vegetação da margem dos rios e alteram o curso deles.

Outra alteração provocada pelo ser humano nos rios é o despejo de esgoto e lixo em suas águas.

Usar o rio como lixeira é uma prática negativa, comum e perigosa. Além do mau cheiro, outra consequência dessa prática é o transbordamento dos rios em época de chuvas, alagando ruas e casas e trazendo muitos prejuízos à população.

▶ Trecho canalizado do Rio Tamanduateí. São Paulo, São Paulo, 2014.

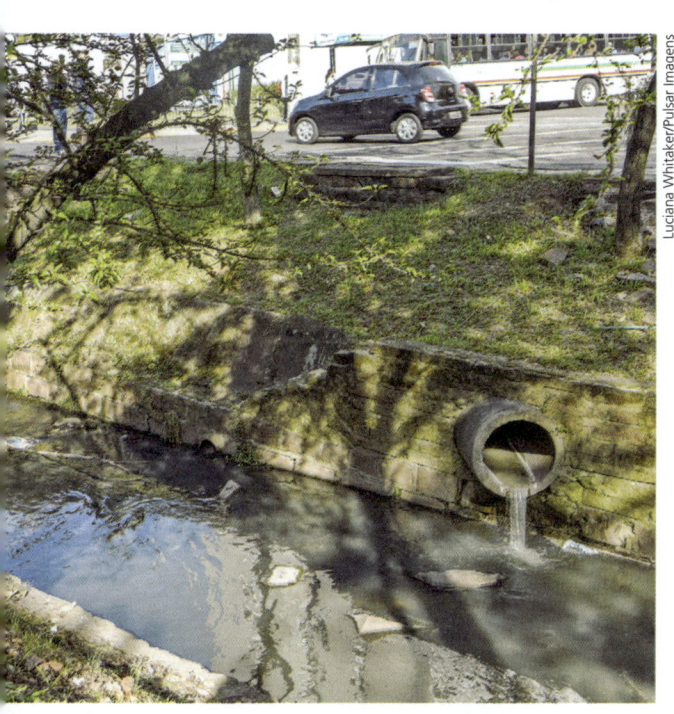

▶ Esgoto sendo despejado em córrego. Novo Hamburgo, Rio Grande do Sul, 2016.

▶ Acúmulo de lixo no Canal do Cunha. Rio de Janeiro, Rio de Janeiro, 2015.

#Digital

Localização de corpos de água na paisagem

Você conhece os corpos de água localizados no seu município ou em lugares próximos a ele?

▶ Parque Metropolitano de Pituaçu. Presença de corpo de água e área verde em bairro de Salvador, Bahia, 2016.

1 Com os colegas, em dupla ou em trio, utilizem um programa ou aplicativo digital de localização geográfica para encontrar um corpo de água no município.

a) Após identificarem o rio, lago, córrego ou mar, descubram o nome dele e registrem.

_____

b) Observem os elementos localizados ao redor do corpo de água que vocês encontraram. Citem-nos

_____

_____

2 Indiquem as principais formas de uso do corpo de água observado.

_____

_____

Atividade

Na figura foram utilizadas cores-fantasia. Os elementos não estão representados proporcionalmente entre si e seu tamanho não corresponde ao tamanho real.

1 Identifique as formas de utilização do rio.

1 _____

2 _____

3 _____

4 _____

5 _____

6 _____

7 _____

CAPÍTULO 3
Paisagens, tempo, clima e vegetação

A vegetação e o clima nas paisagens

Em um dia ensolarado, Paula decidiu regar a semente de uma árvore. Desenhe ao lado como você acha que a árvore ficará quando crescer.

1 Na imagem, o dia está ensolarado e quente. Que características do desenho justificam essa afirmação?

2 E onde você vive? Os dias costumam ser ensolarados, nublados ou chuvosos?

3 Além da temperatura elevada, parece haver um pouco de vento no local da imagem. Qual parte da imagem indica essa situação?

Paisagens e diferenças climáticas

As condições retratadas na imagem anterior não são encontradas em todas as regiões ou mesmo todos os dias. Existem locais predominantemente muito frios e outros, muito quentes. Há ainda aqueles em que costuma chover muito, e outros onde chove pouco.

Os seres humanos podem ocupar praticamente toda a superfície terrestre, adaptando-se a essas condições climáticas.

As temperaturas dos diferentes lugares interferem no tipo de vegetação e também nas atividades humanas, o que pode influenciar nas paisagens e na forma das construções. Observe na fotografia ao lado moradias em uma região onde há neve. Que característica da construção se destaca nessas regiões?

▶ Gifu, Japão, 2015.

As condições climáticas também interferem no lazer das pessoas. Geralmente, em áreas litorâneas as temperaturas são mais altas, e as pessoas aproveitam o mar para se refrescar.

Existem locais em que as temperaturas variam muito durante o ano. A paisagem modifica-se de acordo com a estação: verão ou inverno.

▶ Central Park no verão, com forte luz solar. Nova York, Estados Unidos, 2015.

▶ Central Park no inverno, com neve. Nova York, Estados Unidos, 2017.

As formações vegetais também estão relacionadas com as condições de temperatura e a quantidade de chuva. Observe as fotografias, que mostram diferentes paisagens.

▶ Trecho de Floresta Amazônica com vegetação densa e fechada. Região norte do estado de Mato Grosso, 2015.

Em áreas quentes e com chuva durante todos os meses do ano, a vegetação é composta de árvores altas e muito próximas umas das outras.

Em regiões mais frias ou em que a quantidade de chuva é menor, a vegetação é mais baixa, originando os campos.

Em áreas quentes e com chuva reduzida durante o ano, é comum a presença de plantas com espinhos.

▶ Presença de vegetação rasteira na região de Campos de Cima da Serra. São Francisco de Paula, Rio Grande do Sul, 2016.

▶ Presença de solo arenoso e do cacto xiquexique em região do semiárido. Floresta, Pernambuco, 2016.

Atividade

1 As condições meteorológicas variam entre os lugares e também em um mesmo lugar, dependendo do dia e da época do ano. Ligue cada desenho ao símbolo que pode ser utilizado para indicar as condições do tempo. Depois pinte os cenários.

Por que as temperaturas são diferentes?

Por que alguns lugares são mais quentes do que outros? Vamos conhecer alguns desses fatores que contribuem para as diferenças de temperatura.

A **cobertura vegetal** tem importante papel na absorção de parte da energia solar que recebemos na superfície terrestre. Áreas mais abertas, com menos vegetação, tendem a apresentar-se com temperaturas mais elevadas. Áreas verdes, ao contrário, atuam absorvendo e diminuindo o calor do sol.

▶ Em dias quentes, as áreas verdes mantêm-se mais frescas. Parque ecológico estadual em Fortaleza, Ceará, 2015.

A **altitude** também exerce influência na temperatura do ar. Se você já viveu em lugares altos ou conheceu alguns deles, deve ter percebido que lá as temperaturas costumam ser menos elevadas do que aquelas com baixa altitude. Nas regiões mais elevadas, a retenção de calor é menor do que nas áreas mais baixas porque o ar é mais rarefeito (leve). De modo geral, a cada 200 metros de altitude, a temperatura diminui 1°C.

Outro fator que influencia a média da temperatura é a presença de **oceano** nas proximidades. Em lugares litorâneos, a temperatura tende a não diminuir muito em relação ao nível que alcançou durante o dia. Já em lugares distantes do oceano, essa diferença entre temperatura máxima e mínima em um dia tende a ser maior. Esse fenômeno explica-se pela propriedade da água de reter calor e liberá-lo de forma lenta, mesmo quando não há sol, ou seja, durante a noite.

Um pouco mais sobre

Previsão do tempo

Chove ou não chove?

[...]

O primeiro passo para prever como será o tempo amanhã é entender como ele se comportou ao longo de um período. Isto é, para elaborar uma previsão do tempo, precisamos primeiro ter um registro de como as condições climáticas – temperatura, umidade, pressão atmosférica, chuvas, vento etc. – se comportaram ao longo dos últimos dias.

Há milhares de anos o homem faz registros desse tipo. [...] Ao longo da história da humanidade, foram desenvolvidos aparelhos que auxiliaram essas e outras medições. [...]

Saber como será o tempo nos próximos dias tem muita utilidade. Os meteorologistas fornecem informações preciosas para a agricultura, para os transportes terrestres, para a navegação dos navios e dos aviões e até para alertar a população em caso de fenômenos meteorológicos muito severos. Além disso, eles são essenciais no estudo das mudanças climáticas que estão acontecendo no planeta.

Iara Pinheiro. Chove ou não chove? *Ciência Hoje das Crianças*, 4 jan. 2016.
Disponível em: <http://chc.org.br/chove-ou-nao-chove/>. Acesso em: abr. 2019.

▶ Enchente na cidade de Natal, Rio Grande do Norte, 2014.

1. Como você costuma acompanhar as notícias sobre a previsão do tempo?

2. Você já programou ou alterou uma atividade depois de verificar a previsão do tempo? Qual? Conte para os colegas.

3. De acordo com o texto, cite exemplos da importância da meteorologia.

Atividades

1 Leia o texto e descubra com os colegas.

Rubens, o semeador

Quando eu era menino, os professores, na escola, estavam sempre falando sobre a natureza, a importância de preservar áreas verdes e os **mananciais** de água. Viviam lembrando a importância das árvores, pois são elas que purificam o ar, que preservam a umidade, que dão frutos e madeira para a construção e para a indústria. Diziam que as florestas e os bosques é que equilibram o clima.

Eu sempre achava que isso não tinha nada a ver comigo, afinal eu nunca tinha feito nada que prejudicasse árvore nenhuma, nunca tinha nem quebrado um galho de árvore. Um dia, minha mãe escolheu um caminho diferente para me levar à escola. Era um caminho mais longo, mas ela precisava passar por uma loja para comprar uma coisa qualquer. Então, nós passamos por uma rua que eu não conhecia. Era uma rua linda, cheia de árvores plantadas dos dois lados, uma alameda; e as copas das árvores se juntavam em cima, formando um túnel. Debaixo das árvores a sombra era fresca e havia pássaros que se movimentavam entre as folhas. [...]

> **Glossário**
>
> **Manancial:** nascente de água.

Ruth Rocha. *Rubens, o semeador*. São Paulo: Salamandra, 2004. p. 4, 7-8.

a) Segundo o texto, qual é a importância da preservação das árvores?

b) No lugar em que você mora, estuda, ou em seu município, já observou situações como as descritas pelo texto em relação à temperatura mais fresca e à presença de árvores? Conte para os colegas.

2 A altitude do lugar em que você vive influencia na temperatura? Como isso ocorre?

3 O lugar em que você vive localiza-se próximo ou longe de uma área litorânea? Isso influencia na temperatura de seu município?

_____

_____

4 Observe nas imagens as diferenças na paisagem de um mesmo local fotografado no verão e depois no inverno.

▶ Mateiros, Tocantins, fevereiro de 2014.

▶ Mateiros, Tocantins, julho de 2015.

- De acordo com o que estudamos, como podem ser explicadas as diferenças na paisagem observada?

_____

_____

5 Onde você mora ocorrem diferenças como as observadas na comparação entre as fotografias da atividade 4? Quais?

_____

_____

6 Acompanhe com os colegas e o professor as condições do tempo durante uma semana. Para isso, complete diariamente, no início da aula, o quadro da seção **Encartes**, página 187. Use os símbolos para indicar o tempo atmosférico.

CAPÍTULO 4

Paisagens, ambiente e qualidade de vida

Problemas ambientais na paisagem

As paisagens também podem apresentar alguns problemas ambientais. Paulo está fazendo uma pesquisa para a escola e precisa saber o nome de alguns desses problemas. Ajude-o seguindo as coordenadas para descobrir as palavras.

_____   _____   _____   _____
B2   C3   A1   F3

_____   _____   _____   _____   _____
C2   D1   D2   E1   E3

	A	B	C	D	E	F
1	I	BA	FE	MA	MEN	VA
2	ME	PO	DES	TA	A	DE
3	DE	CA	LU	DI	TO	ÇÃO

1 No lugar em que você vive, quais desses problemas são encontrados?

As paisagens e seus poluentes

Quando os seres humanos alteram as paisagens, acabam modificando os ambientes e trazendo elementos que podem comprometer a saúde dos seres vivos e a qualidade de vida do planeta.

A água, o ar, as plantas, os animais e o solo fazem parte do ambiente e merecem cuidado.

Vamos conhecer algumas formas de poluição e o que pode ser feito para diminuí-la ou evitá-la.

A poluição ocorre quando colocamos em um ambiente elementos que alteram e prejudicam as características e as diferentes formas de vida dele.

Observe, nas sequências de imagens abaixo, exemplos de poluição e seus efeitos no ambiente.

Poluição da água e do ar

Anteriormente você estudou que os rios vêm sofrendo sérios danos ambientais: esgotos são despejados em suas águas, o lixo se acumula em seu leito e há desmatamento em suas margens. Quando um rio está poluído, os seres vivos que habitam suas águas acabam morrendo, a água fica imprópria para o consumo e ainda pode ser foco de muitas doenças.

▶ Córrego despeja água em rio de São Paulo, São Paulo, 2015.

▶ Rio poluído. Juazeiro, Bahia, 2016.

O ar que respiramos também pode estar poluído. Gases poluentes são lançados por indústrias, automóveis e queimadas. Essa poluição causa sérios problemas à saúde, como alergias e problemas respiratórios. Além disso, o aumento na **emissão** de alguns gases poluidores provoca o aumento da temperatura média do planeta.

Glossário

Emissão: ação de emitir, expelir, projetar, lançar.

▶ Usina lança gases na atmosfera. Planalto, São Paulo, 2016.

▶ Queimada em Lençóis, Bahia, 2015.

Atividades

1 A imagem a seguir apresenta uma paisagem com várias formas de poluição. Identifique e marque um **X** nessas agressões ambientais. Depois, pinte a ilustração.

André Valle

2 Leia o texto e depois responda às questões.

Rap da poluição

[...]
A água contaminada
não está com nada, não
Morre peixe, traz doença
pra toda população
Pó, pó, pó, poluição
Pó, pó, pó, poluição
Quando o ar fica bem sujo
Vem problema de pulmão [...]

Kau Bispo

Turma do Plenarinho. Disponível em: <www.plenarinho.gov.br/noticias/agencia_plenarinho/rapda-poluicao/?searchterm=rap%20da%20polui%C3%A7%C3%A3o>. Acesso em: out. 2016.

◆ Onde você vive existem problemas como os citados na letra da canção? Quais?

_____

_____

Os sons e o visual da cidade

As pessoas que vivem em locais com grande número de habitantes e veículos podem ouvir diariamente muitos sons: buzinas, ronco dos motores de carros e ônibus; alarmes de carros; barulho de aviões; sirenes de viaturas policiais e ambulâncias; ruído das construções...

Todo esse barulho, chamado de poluição sonora, pode alterar a condição normal de audição. Ele causa vários danos ao corpo e à qualidade de vida das pessoas. Entre os efeitos da poluição sonora estão: dificuldade de comunicação, dores de cabeça, perda de atenção e audição, dificuldade para dormir, entre outros. Observe e compare os dois cenários, um sem e outro com poluição sonora:

Existe também outra forma de poluição que afeta a qualidade de vida da população. O excesso de cartazes, placas, pichações e anúncios publicitários causa poluição visual. Ela provoca cansaço da vista por causa do acúmulo de informações no ambiente.

Essa poluição pode dificultar a observação da paisagem. Além disso, pode distrair os motoristas e ocasionar acidentes de trânsito.

Atividade

1 Observe as fotografias que mostram alguns exemplos de poluição. Identifique-as e escreva pequenos textos explicativos para as imagens.

▶ São Paulo, São Paulo, 2016.

▶ Americana, São Paulo, 2015.

_____

_____

_____

_____

_____

_____

▶ Foz do Iguaçu, Paraná, 2015.

▶ Pelotas, Rio Grande do Sul, 2016.

_____

_____

_____

_____

_____

_____

73

Hora da leitura

As condições do tempo nas tirinhas

Observe as tiras a seguir.

Armandinho, de Alexandre Beck

VRRRR...

VRRRR...

VRRRR...

DINHO... **VRRRR...**

...QUE TAL A GENTE IR À PRAIA?

VRRRR...

Alexandre Beck 2327/17 / Alexandre Beck 2328/17

Homem linha — Fabiano dos Santos

1. Que características da condição do tempo estão indicadas em cada uma das tiras?

2. No município onde você mora chove muito ou chove pouco? Em qual período é mais chuvoso e em qual é mais seco?

3. Qual é a condição do tempo que você prefere? Por quê?

GEOGRAFIA em ação

Cuidando das paisagens

Antônio tem um trabalho muito importante: ele avalia diferentes intervenções humanas no meio ambiente. Leia a entrevista a seguir.

No seu trabalho, você observa e analisa diferentes tipos de paisagens, seus elementos e suas modificações. Toda modificação feita pelo ser humano na paisagem é ruim para o meio ambiente?
Pode-se dizer que toda ação humana interfere na paisagem, mas isso não é necessariamente ruim para o equilíbrio ambiental. As sociedades humanas são muito diversas e, por isso, seus valores resultam em maior ou menor respeito ao meio ambiente. Assim, há várias populações e comunidades – por exemplo, pequenos agricultores, comunidades tradicionais, quilombolas, indígenas, artistas, comunidades religiosas, cientistas, entre outros – que interagem positivamente com a paisagem.

Você poderia dar um exemplo de alterações feitas pelo ser humano que não são negativas para o meio ambiente?
Nas cidades existem iniciativas relacionadas à redução do consumo de água e da geração de lixo; o aproveitamento da iluminação natural; a criação de espaços verdes; eficiência no consumo e a adoção de posturas solidárias, entre outras. Pelos interiores do Brasil, nas áreas rurais, podemos citar o respeito às áreas de preservação dos cursos de água, o extrativismo responsável (que não recolhe da natureza mais do que ela pode repor) e a valorização das espécies vegetais pelo conhecimento tradicional. As comunidades quilombolas, por exemplo, usam o mesmo território por gerações, mostrando uma utilização sustentável do meio ambiente.

Nós também alteramos os rios para atender a algumas necessidades. Quais alterações você percebe nas várzeas e nos leitos dos rios? Quais impactos elas causam?
Os principais impactos no curso de água são: poluição doméstica e agroindustrial; desmatamento das matas ciliares, urbanização das margens; barramentos; redução de vazão. O **assoreamento** dos rios é um dos principais impactos, porque a destruição da cobertura vegetal acelera os processos erosivos existentes e carrega sedimentos que deveriam continuar no solo para o leito do rio.

> **Glossário**
>
> **Assoreamento:** depósito de material no leito dos rios que diminui sua profundidade e a velocidade da correnteza.

Antônio Cordeiro é geógrafo e trabalha no Ministério do Planejamento, Desenvolvimento e Gestão em Brasília, Distrito Federal.

Revendo o que aprendi

1 Na superfície do planeta Terra há irregularidades. Existem áreas mais altas e outras mais baixas, algumas planas e outras onduladas. Que nome damos às diferentes formas da superfície terrestre?

_____

2 As formas da superfície terrestre influenciam na ocupação humana. Qual forma de relevo é mais escolhida para a ocupação humana? Assinale a alternativa correta.

▸ Arroio do Sal, Rio Grande do Sul, 2015.

▸ Serra do Espinhaço. Rio de Contas, Bahia, 2016.

3 Classifique a segunda coluna de acordo com a primeira.

a) nascente □ Local em que o rio deságua.

b) margem □ Local em que o rio nasce.

c) foz □ Rio que deságua em outro rio principal.

d) afluente □ Faixa de terra junto às águas de um rio, onde a água se encontra com a terra.

e) várzea □ Terreno baixo junto às margens dos rios.

f) leito □ Onde a água do rio corre.

4 Assinale a imagem que representa uma paisagem localizada em um lugar:

a) mais quente;

☐ Recife, Pernambuco, 2016.

☐ Gramado, Rio Grande do Sul, 2013.

b) mais chuvoso.

☐ Manaus, Amazonas, 2015.

☐ Parque Estadual do Tainhas. Jaquirana, Rio Grande do Sul, 2015.

5 Assinale as frases que expressam atitudes para melhorar a qualidade ambiental.

☐ Evitar que o lixo seja jogado nos rios.

☐ Preservar a vegetação nas margens dos rios.

☐ Despejar esgoto e lixo nos rios.

☐ Priorizar o transporte coletivo e outros meios de transporte que não emitam poluição, como bicicleta, por exemplo.

Nesta unidade vimos

- Relevo é o nome dado às diversas formas da superfície do planeta. O ser humano altera o relevo para atender às suas necessidades.

▶ A presença humana é comum nas áreas mais baixas, como visto na página 45.

- As paisagens variam de acordo com a diversidade climática. As construções, as atividades desenvolvidas e determinado tipo de vegetação estão relacionados a temperaturas mais elevadas ou mais baixas, bem como o maior ou menor volume de chuvas.

▶ As construções são planejadas levando em consideração o clima, como mostrado na página 61.

- A água, seja na forma sólida, seja na líquida, cria diferentes paisagens. Algumas paisagens apresentam problemas ambientais que podem comprometer a saúde dos seres vivos e a qualidade de vida no planeta.

▶ Os rios sofrem sérios danos ambientais, como vimos na página 70.

Para finalizar, responda:

- Como as formas da superfície e a presença de água interferem nas atividades realizadas pelos seres humanos?
- Como as condições climáticas interferem na formação vegetal e nas atividades humanas?

Para ir mais longe

Livros

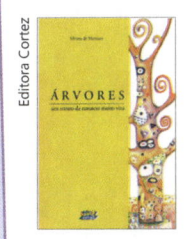

▶ **Árvores – um retrato da natureza muito viva**, de Silvana de Menezes. São Paulo: Cortez, 2005.

Poema narrativo que conta a amizade entre duas árvores e as conversas delas sobre problemas que agridem a natureza, como desmatamento, seca e enchentes.

▶ **Encontros d'água – sete contos d'água**, de Ninfa Parreiras. São Paulo: Scipione, 2008.

As histórias desse livro levam o leitor a uma grande viagem, na qual a água é a personagem principal.

▶ **A Terra vista do alto**, de Fernando Carraro. São Paulo: FTD, 2000.

O livro conta a história de uma viagem de balão feita de Ubatuba, no litoral do estado de São Paulo, ao Pantanal de Mato Grosso.

▶ **Meu planeta rima com água**, de César Obeid. São Paulo: Salamandra, 2016.

Um convite em forma de poesia que chama para a reflexão sobre a importância da água e de todos os recursos naturais.

Filmes

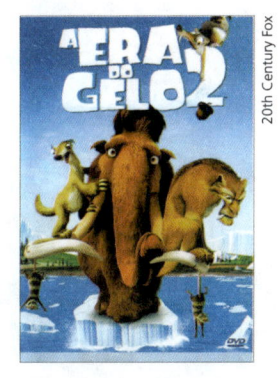

▶ **A Era do Gelo 2**. Direção: Carlos Saldanha. Estados Unidos: 20th Century Fox, 2006, 86 min.

O clima está mudando e a Era Glacial está chegando ao fim. Logo os animais descobrem que o lugar em que vivem pode ser inundado. Eles precisam correr para avisar a todos do perigo e buscar um lugar mais seguro para viver.

Sites

▶ **Descobrindo o relevo:** <www.educacaodinamica.com.br/ed/views/game_educativo.php?id=5>.
Jogo educativo em que você precisa descobrir os diferentes tipos de relevo.

▶ **Jogo da água:** <https://plenarinho.leg.br/index.php/jogo-da-agua/>.
Jogando, aprenda que pequenas atitudes podem ajudar a economizar água e a preservar o meio ambiente.

UNIDADE 3
O rural e o urbano alteram a paisagem

- Observando a imagem, como você a descreveria?
- Você já observou trabalhos como os representados na imagem?
- Que trabalhos você observa no lugar onde vive?

CAPÍTULO 1

Trabalho e paisagens

O ser humano interfere nas paisagens

Nós já estudamos as mudanças que ocorrem nas paisagens. Decifre o enigma e descubra mais uma das causas das transformações nas paisagens.

O 🚜 (−TOR) + 🍬 (−LA) + 👁 (−O) HU +

🍎 (−ÇÃ) + 📓 (−CADER) T + 🐭 (−TO) +

🚢 (−AVIO) + S + 🌷 (−L) + 🐒 (−CACO) A

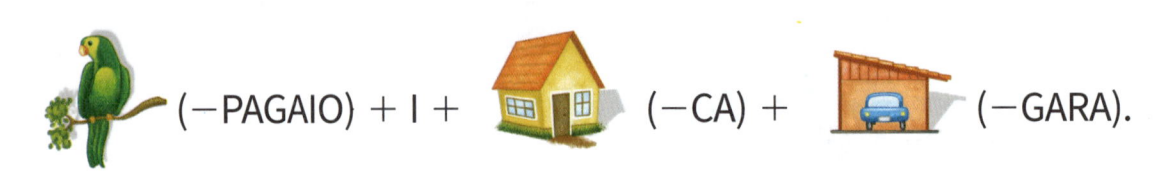

🦜 (−PAGAIO) + I + 🏠 (−CA) + 🏠 (−GARA).

1 O que você descobriu?

_____

_____

2 Você observa, no lugar em que mora, algum exemplo da frase revelada pelo enigma? Qual?

3 E em sua escola, que mudanças ou transformações você e os colegas podem observar?

O trabalho nas paisagens urbanas e rurais

Sabemos que, para satisfazer suas necessidades, o ser humano recorre à natureza e retira dela o que precisa. Ele faz, assim, uma ação ou atividade, isto é, um trabalho. E é por meio do trabalho que o ser humano cria novas paisagens. Observe as imagens.

▶ Copacabana, Rio de Janeiro, Rio de Janeiro, aproximadamente 1880.

▶ Copacabana, Rio de Janeiro, Rio de Janeiro, 2014.

Como era a paisagem? Que modificações ocorreram nela? Que diferenças há na paisagem entre a fotografia mais antiga e a mais recente?

Paisagens urbanas

Nas imagens da página anterior, observamos modificações feitas pelo ser humano em uma paisagem urbana.

Imagine que você esteja passeando por uma cidade qualquer. Em diferentes momentos desse passeio, você perceberá os diversos elementos presentes no espaço urbano. As paisagens urbanas ocupam o espaço de modos muito diferentes, como você pode ver nas imagens abaixo.

▶ Calçadão comercial em Juazeiro, Bahia, 2016.

▶ Rua residencial em Palmas, Tocantins, 2015.

Percebemos essas diferenças ao observar a presença humana na paisagem, como as pessoas estão distribuídas no espaço, a forma e o tamanho dos elementos construídos etc.

Nas paisagens urbanas também se desenvolvem muitos tipos de atividades, por exemplo:

- comércio diversificado;
- produção industrial;
- prestação de serviços.

Nelas observamos maior número de pessoas e veículos.

Cartografar

1 As imagens a seguir retratam a mesma paisagem urbana no Recife, Pernambuco, em 2017. Compare os tipos de visão e responda às questões.

> Na figura 2 foram utilizadas cores-fantasia. Os elementos não estão representados proporcionalmente entre si e seu tamanho não corresponde ao tamanho real.

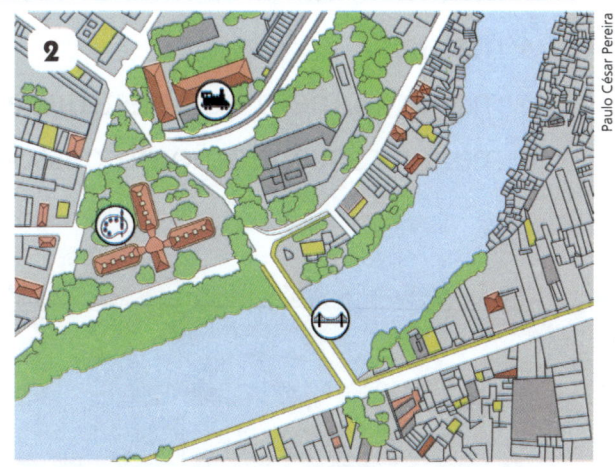

▸ Representação vertical: a paisagem foi fotografada do alto e é vista de cima para baixo.

▸ A paisagem foi retratada utilizando símbolos (desenhos) para representar o que foi fotografado.

a) Identifique o lugar representado nas imagens.

_____

b) De que forma os elementos da imagem **1** foram representados na imagem **2**?

_____

_____

c) Quanto às cores, quais diferenças podem ser observadas entre a representação dos elementos naturais e a dos humanizados?

_____

_____

_____

Paisagens rurais

E no espaço rural, como são as paisagens? Elas são bem diferentes das paisagens urbanas.

Enquanto no espaço urbano predominam construções próximas umas das outras e maior número de pessoas, os espaços rurais se caracterizam por:

- grandes extensões de terra com plantações e criação de animais;
- produção de alimentos e atividades extrativas;
- matas;
- menor número de construções;
- menor concentração de pessoas em comparação ao espaço urbano.

▶ Colheita em plantação de mandioca e plantação de laranja ao fundo. Laje, Bahia, 2016.

▶ Criação de ovelhas em propriedade rural. São Gabriel, Rio Grande do Sul, 2016.

As paisagens rurais se diferenciam umas das outras de acordo com:
- o tipo de atividade nelas realizado, como plantio, criação de animais ou **extrativismo**;
- a presença de máquinas e outros equipamentos;
- os tipos dos trabalhadores, por exemplo, agricultores, peões, coletores de produtos da floresta, mineradores etc.

Glossário

Extrativismo: atividade de retirar produtos da natureza sem que haja interferência em sua ocorrência natural.

Atividades que transformam a paisagem rural

Vejamos como as atividades realizadas no campo se caracterizam. É comum relacionar as paisagens rurais apenas com plantações, áreas de cultivo e outros trabalhos próprios da agricultura. Essas paisagens, porém, também são transformadas por outras atividades. Vamos conhecer melhor as atividades rurais.

Extrativismo mineral

Os minérios obtidos na atividade mineradora encontram-se armazenados no solo ou no subsolo. A extração desses minérios causa grande impacto ao ambiente porque, na maioria das vezes, remove a vegetação, interfere na vida dos animais e polui a água dos rios.

O extrativismo mineral é praticado por profissionais mineradores, que trabalham na extração de minérios que têm valor econômico em seu estado natural, ou são usados na fabricação de outros produtos, como automóveis, máquinas, tratores, cimento, joias e combustíveis.

Conheça alguns minérios obtidos pelo extrativismo.

- O sal é um recurso mineral utilizado para acentuar o sabor dos alimentos e também para conservá-los, em lugares em que não há refrigeração.
- O calcário é uma rocha utilizada principalmente na construção civil e na fabricação de papel, plástico, tinta, borracha, cerâmica, ração para animais, metalurgia e vidro.

▶ Extração de sal. Icapuí, Ceará, 2014.

▶ Extração de rocha calcária. Almirante Tamandaré, Paraná, 2016.

- O petróleo é um recurso energético, pois com ele são produzidos combustíveis como gasolina e diesel. Também é empregado na fabricação de tintas, plásticos e diversos outros produtos.
- A extração de ouro, prata, pedras preciosas ou semipreciosas é denominada de **garimpo** e pode ser praticada de forma tradicional, com equipamentos simples, ou de forma mecanizada.

Cultivo de plantas

A produção de alimentos e de outros produtos faz da agricultura uma atividade muito importante. Para que haja cultivo, o ambiente deve ser favorável, além de necessitar de trabalhadores e máquinas.

- No cultivo de hortaliças, como verduras e legumes, são feitos canteiros, que exigem manutenção, como fornecimento de água para as plantas e poda.

▶ Cultivo de verduras e legumes. Pancas, Espírito Santo, 2015.

Criação de animais

Os animais de criação são muito importantes para as atividades produtivas do campo, mas essa criação é um agente que transforma a paisagem rural. Os rebanhos necessitam de alimentação, abrigo e outros cuidados. Para garantir esses recursos, os profissionais que trabalham na criação de animais interferem muito na paisagem.

▶ Criação de bovinos. Caratinga, Minas Gerais, 2016.

- Os rebanhos, como o de gado bovino, são muito numerosos no Brasil. Essa atividade tem impactos na paisagem do campo, como o desmatamento para pastagem.

Trabalho entre campo e cidade

Campo e cidade têm paisagens e atividades próprias e diferentes. Entretanto, são espaços que se complementam e se inter-relacionam, havendo troca de produtos entre ambos. Há, também, circulação de pessoas entre esses espaços.

Vamos ver um exemplo de como campo e cidade relacionam-se?

Imagine um iogurte. Da forma como você o compra no supermercado, nem parece que, para sua produção, o produto passou por diversas fases e envolveu diferentes atividades econômicas, não é mesmo?

O iogurte vem do processamento do leite, obtido da criação de gado. Já o pote plástico do iogurte é produzido por meio da extração e da transformação de petróleo em plástico. Esse iogurte, para ser distribuído, é transportado por caminhões que, por sua vez, foram produzidos em indústrias com materiais extraídos da natureza. Por fim, o iogurte é vendido nos supermercados.

Atividades

1 Observe os diferentes selos dos Correios.

a) O que está ilustrado nos selos? Onde eles são utilizados?

_____

_____

_____

_____

b) Os elementos representados nos selos são produzidos no espaço rural ou no urbano? Explique sua resposta.

_____

_____

2 Observe as fotografias e, no caderno, escreva um texto sobre as diferenças entre as duas paisagens urbanas. Compare a forma e o tamanho das construções e as atividades desenvolvidas.

▶ Belterra, Pará, 2016.

▶ Taubaté, São Paulo, 2017.

3 Observe as fotografias e escreva as diferenças entre as duas paisagens rurais. Compare as formas de trabalho e os equipamentos utilizados.

▶ Colheita de coentro em Petrolina, Pernambuco, 2016.

▶ Colheita de algodão em Chapadão do Sul, Mato Grosso do Sul, 2014.

_____

_____

4 Identifique, nas imagens, diferenças na forma de extração mineral do ouro em cada local.

▶ Trabalhador em garimpo artesanal. Senador José Porfírio, Pará, 2017.

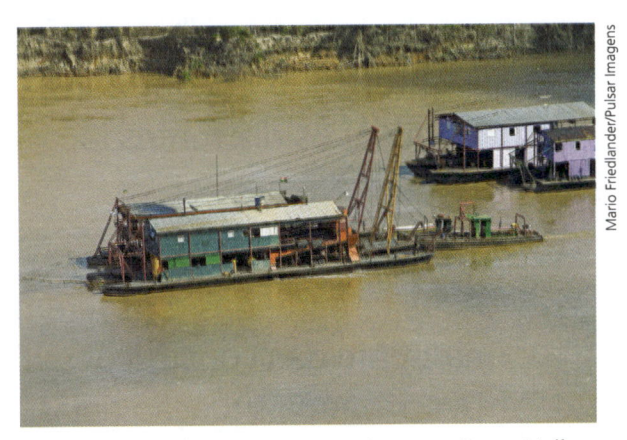

▶ Dragas usadas na extração de ouro. Porto Velho, Rondônia, 2014.

_____

_____

CAPÍTULO 2
Solo: uso e degradação

Observe os arredores

Para perceber os problemas ambientais, é preciso observar a paisagem ao redor. Vamos organizar, com o professor, uma atividade de observação das condições do solo nos arredores da escola.

1. Junte-se a alguns colegas e formem um grupo. Observem os diferentes solos encontrados ao redor da escola. Se possível, fotografem os diferentes locais.

2. Troquem ideias com os colegas e o professor sobre o que observaram.

   a) A maior parte das ruas tem calçamento ou é de terra? Há calçadas na frente das construções? Essas ruas estão conservadas? Descrevam a situação delas.

   b) Vocês encontraram lixo jogado na rua ou acumulado em terrenos baldios?

   c) Nos terrenos e na frente deles há algum tipo de vegetação? Se houver, são árvores ou vegetação rasteira?

Solo: problemas e soluções

Ao andar pelos arredores da escola, certamente você viu muitas construções, pessoas caminhando, carros e até mesmo alguma vegetação. Tudo isso está acima do solo, a camada superficial do planeta onde vivemos. É do solo que vêm o alimento que consumimos e os minerais utilizados nas construções. No solo também vivem inúmeras espécies de animais e é onde a maioria das plantas cresce e se reproduz.

Este recurso natural tão importante tem sido usado de forma inadequada, tanto no espaço urbano quanto no espaço rural. Conheça algumas situações que comprometem a qualidade do solo.

- Nas cidades, a grande quantidade de construções, as calçadas, o asfalto e o cimento **impermeabilizam** o solo e impedem que ele absorva a água da chuva. É possível melhorar as condições do solo plantando gramados nas residências e usando calçamento nas ruas que não impeça a absorção da água das chuvas.

▶ Calçamento permeável permite a absorção de água. Porto Alegre, Rio Grande do Sul, 2017.

- As ocupações irregulares em áreas de encostas de morro comprometem a preservação do solo. A vegetação é retirada e o solo fica exposto à ação da chuva, que encharca a terra, provocando deslizamentos por causa da inclinação do terreno. A manutenção de áreas verdes nas encostas favorece a proteção do solo, pois diminui o risco de deslizamentos.

Glossário

Impermeabilizar: impedir a passagem de água.

▶ Deslizamento de terra na cidade de Mairiporã, São Paulo, 2016.

- O excesso de lixo descartado pela população também afeta a qualidade do solo. Se for depositado de forma incorreta, o lixo contamina o solo e as águas. A coleta seletiva e os processos de destinação adequada do lixo contribuem para reduzir a poluição do solo.

- A derrubada de árvores para abertura de ruas e novas construções no espaço urbano ou para aumentar as áreas de plantio e de criação de animais no espaço rural deixa o solo desprotegido e sujeito a um processo intenso de erosão. Manter áreas florestais preserva o solo.

- A atividade extrativa mineral destrói a vegetação e deixa o solo desprotegido. A exploração de alguns tipos de minério forma grandes crateras no solo. O extrativismo só deve ser praticado com supervisão e após intenso estudo dos impactos que pode causar no ambiente a fim de evitá-los.

▶ Erosão em morro desmatado. Sumidouro, Rio Janeiro, 2014.

- O uso de agrotóxicos para combater pragas que atacam as plantações altera o equilíbrio do solo, contamina as águas e os animais e coloca em risco a saúde das pessoas. Deve-se priorizar a atividade agrícola que utilize métodos naturais para o controle de pragas e adubo orgânico.

▶ Área de mineração em Mariana, Minas Gerais, 2015.

- Os incêndios florestais ou as queimadas intencionais, feitas com o objetivo de limpar terrenos para plantio ou atividade pecuária, além de poluir o ar, queimam os nutrientes do solo, tornando-o pobre. Devem-se evitar as queimadas intencionais.

▶ Queimada em Zé Doca, Maranhão, 2014.

Um pouco mais sobre

Lixo também é poluição

Você já pensou que não há modo de jogar algo realmente "fora"? Todo o lixo que descartamos vai para algum lugar do planeta, e não para fora dele. Assim, mesmo que pareça não existir mais lixo, ele continua aqui – e está sendo acumulado cada vez mais. Leia o texto e converse com os colegas e o professor sobre o que você aprendeu.

Qual o problema do lixo?

[...]
O lixo é responsável por um dos mais graves problemas ambientais de nosso tempo. Seu volume é excessivo e vem aumentando progressivamente, principalmente nos grandes centros urbanos [...].

Além disso, os locais para disposição de todo esse material estão se esgotando rapidamente, exigindo iniciativas urgentes para a redução da quantidade enviada para os aterros sanitários, aterros clandestinos ou lixões. [...]

Uma das possibilidades para reduzir o problema do lixo é a **implantação** da coleta seletiva de lixo [...] enviando-se esse material para reciclagem. [...]

[...] verifica-se também um grande número de programas desenvolvidos [...] em escolas, empresas, condomínios, etc., que apresentam maior chance de continuidade, pois não estão vinculados a mudanças e interesses políticos.

Instituto GEA – Ética e Meio Ambiente. Disponível em: <www.institutogea.org.br/lixo/o-problema-lixo/>. Acesso em: abr. 2019.

Glossário

Implantação: introdução; início.

1. No município onde você mora a coleta seletiva de lixo é praticada?

2. Que soluções são apontadas no texto para resolver o problema do lixo?

Atividades

1 Identifique nas fotografias abaixo algumas formas de cuidados com o solo e explique como elas contribuem para a conservação do ambiente.

a)

▶ Morretes, Paraná, 2016.

_____

_____

_____

_____

b)

▶ São Luiz do Paraitinga, São Paulo, 2015.

_____

_____

_____

_____

c)

▶ Curitiba, Paraná, 2015.

_____

_____

_____

_____

d)

▶ Paulo Lopes, Santa Catarina, 2016.

_____

_____

_____

_____

2 Observe a charge a seguir e responda às questões.

a) O que a imagem retrata?

_____

_____

b) Quais são as consequências do uso desse produto para o ambiente?

_____

_____

c) Que equipamentos de proteção o agricultor está usando e por que ele deve usá-los?

_____

_____

3 Em épocas de chuva, são comuns as notícias de deslizamentos de terra. Você já ouviu notícias assim? Conte aos colegas.

4 Em que tipos de terreno ocorrem deslizamentos de terra?

_____

_____

5 Qual é a relação da chuva com os deslizamentos de terra?

_____

_____

CAPÍTULO 3
Água: um bem precioso

Uma carta importante

Imagine se toda a água do planeta acabasse de um dia para o outro. Toda a vida no planeta seria extinta, pois é impossível viver sem água.

1 Decifre a carta enigmática a seguir e descubra uma mensagem sobre a água. Depois reflita com os colegas e o professor sobre a importância da água.

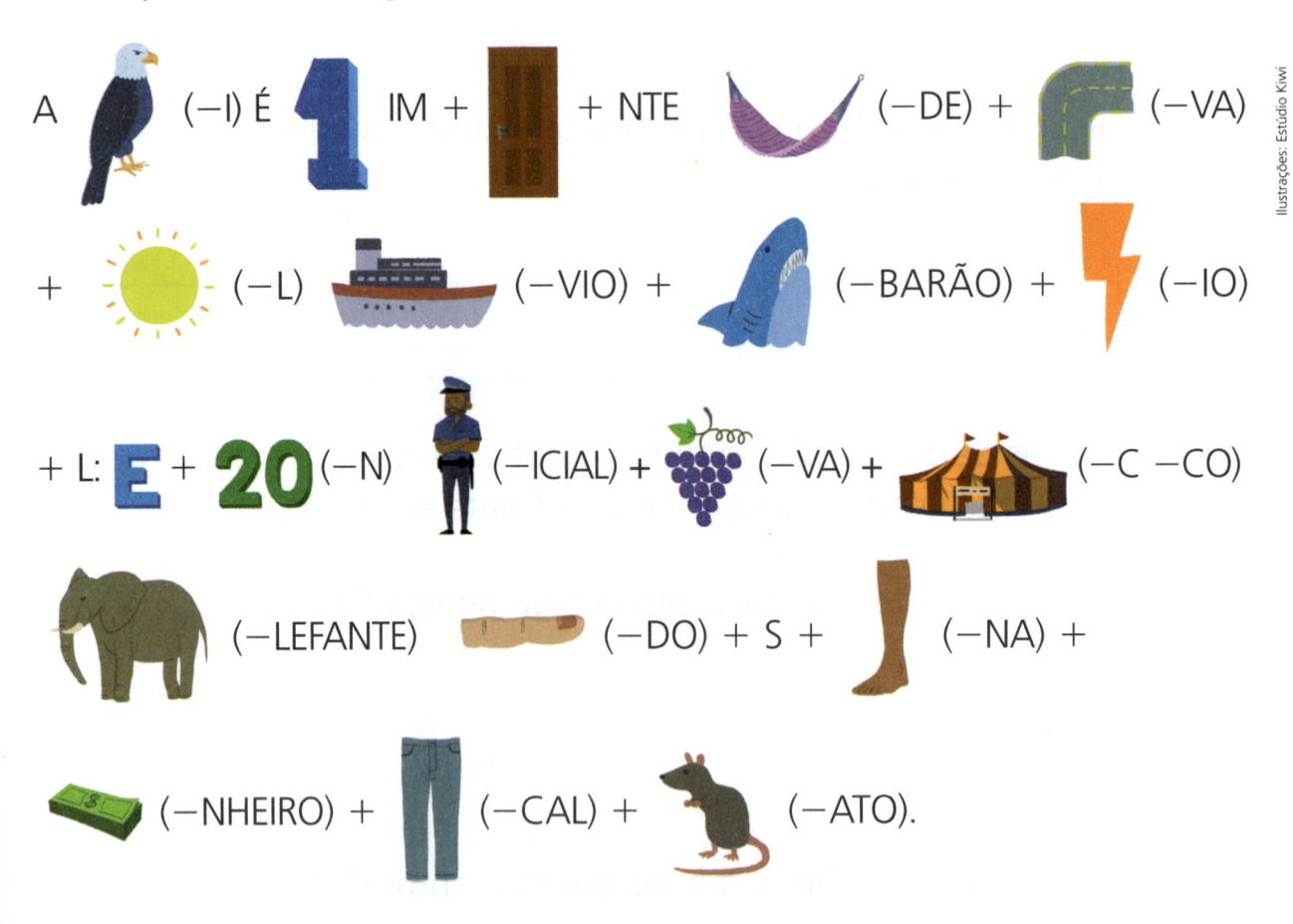

A 🦅 (−I) É 1️⃣ IM + 🚪 + NTE 🛏️ (−DE) + 🛣️ (−VA)

+ ☀️ (−L) 🚢 (−VIO) + 🦈 (−BARÃO) + ⚡ (−IO)

+ L: E + 20 (−N) 👮 (−ICIAL) + 🍇 (−VA) + 🎪 (−C −CO)

🐘 (−LEFANTE) 👆 (−DO) + S + 🧦 (−NA) +

💵 (−NHEIRO) + 👖 (−CAL) + 🐀 (−ATO).

_____

_____

Água: importância e conservação

▶ Gado bebendo água. Barão de Melgaço, Mato Grosso, 2013.

A água é um bem necessário a nossa sobrevivência. Precisamos de água para matar a sede, cozinhar, cuidar da higiene. Ela também é o hábitat de muitos animais, fonte de lazer, via de transporte, e ainda é utilizada para gerar eletricidade nas hidrelétricas.

A água é fundamental para o desenvolvimento da agricultura. Ela é utilizada para irrigar as plantações, de modo que recebam uma quantidade constante e adequada de água. A irrigação consiste em levar água às áreas onde não chove, ou que sofrem com a má distribuição de chuvas, e às lavouras em geral.

Considerando a importância da água para os seres vivos e para as atividades humanas, destaca-se a adoção de práticas que possibilitam a conservação desse recurso natural. Um exemplo é a captação da água da chuva. Essa água pode ser utilizada para limpeza e irrigação de jardins, por exemplo.

▶ Cisterna para coleta de água da chuva. Joanópolis, São Paulo, 2014.

Outra possibilidade de uso racional desse recurso é o reúso, isto é, quando a água é usada novamente em atividades cotidianas.

O desmatamento das margens dos rios também afeta a disponibilidade de água, comprometendo seu volume e sua qualidade.

Quando existe mata ciliar, ou seja, vegetação nas margens dos rios, uma parte da água das chuvas é absorvida pelas raízes, que protegem o solo dos desbarrancamentos. Sem a proteção da mata ciliar, o solo das margens é carregado pela chuva para dentro dos rios, provocando seu assoreamento.

Compare as duas situações retratadas nas imagens a seguir.

▶ Riacho desprovido de mata ciliar, com margens assoreadas. São Gabriel, Rio Grande do Sul, 2016.

▶ Rio com mata ciliar preservada. Barreirinhas, Maranhão, 2017.

Outro problema que compromete a qualidade da água são os acidentes com derramamento de petróleo no mar. Esse produto polui as águas e causa a morte de inúmeros animais. Para minimizar esse problema é preciso, de um lado, que as empresas responsáveis pelo transporte marítimo tomem cuidado e, de outro, que os responsáveis pelo prejuízo ambiental sejam multados.

▶ Petróleo derramado na Bacia de Campos, no estado do Rio de Janeiro, em 2011.

Não ao desperdício

Além de ser usada para atender às necessidades das pessoas de modo geral, a água é um recurso fundamental para o desenvolvimento de atividades econômicas como indústria, pecuária e agricultura. As atividades agrícolas são as que mais consomem água, com a irrigação de plantações.

Combater o desperdício de água é dever de todos os setores da sociedade e de cada um de nós.

Podemos adotar algumas atitudes simples para ajudar na conservação desse importante recurso natural.

Ilustrações: Dayane Cabral Raven

Diminuir o tempo de banho de chuveiro.

Fechar a torneira ao escovar os dentes ou lavar louça.

Coletar água da chuva para regar as plantas.

Verificar se há vazamentos nos canos.

Limpar a calçada usando balde e vassoura em vez de mangueira.

Outra dica é reutilizar a água da máquina de lavar.

Atividades

1. Desenhe ou recorte gravuras que mostrem os diversos usos da água em atividades cotidianas e cole-as no caderno.

2. Com base nas gravuras da atividade 1, escreva no caderno um texto que destaque a importância e o uso da água em diferentes situações.

3. Quais são as principais fontes de contaminação da água:

    a) nas áreas urbanas? _____

    b) nas áreas rurais? _____

    _____

4. O que é mata ciliar e qual é sua importância para a preservação de rios e lagos?

    _____

    _____

5. Forme um grupo com alguns colegas para elaborar um cartaz sobre formas de conservação da água.

    Lembrem-se de que o cartaz deve ter um título e imagens. Depois façam uma exposição oral apresentando os cartazes à turma. Por fim, exponham-nos no mural da sala de aula.

6. Escolha três formas de economizar água e represente-as utilizando diferentes linguagens, como desenho, dramatização ou mímica. Depois escreva uma frase relacionada a cada maneira de economizar água.

    _____

    _____

7 Observe o gráfico sobre o uso da água. Depois responda: que atividades utilizam mais água?

_____

_____

_____

_____

Quem usa mais água?

Agricultura e Pecuária
82,8% (961 m³)

Indústria
6,7% (78 m³)

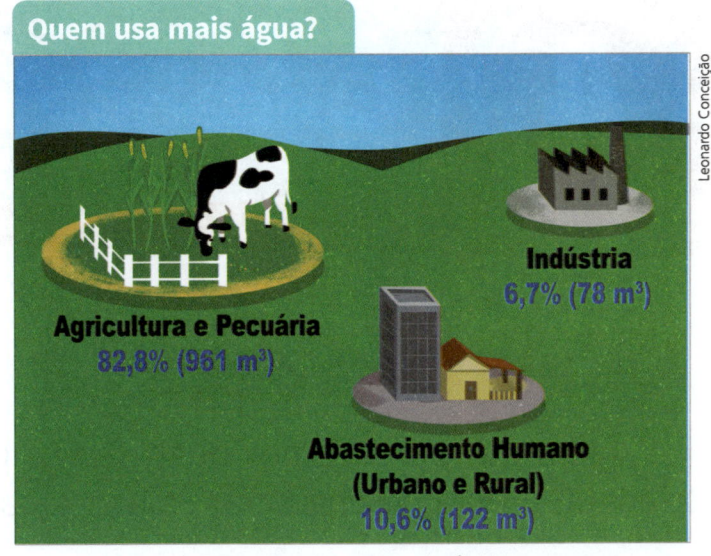

Abastecimento Humano (Urbano e Rural)
10,6% (122 m³)

Fonte: Brasil. Agência Nacional de Águas. *Conjuntura dos Recursos Hídricos no Brasil*: 2013. Brasília: ANA, 2013.

8 Investigue o uso da água em sua residência. Onde o consumo é maior: em atividades de limpeza de casa, na higiene pessoal ou no preparo de alimentos e consumo?

9 O que você pode fazer para reduzir o consumo de água em sua residência?

10 A energia gerada pelas usinas hidrelétricas é considerada limpa, pois não emite poluentes. Contudo, para a construção de hidrelétricas, grandes áreas são alagadas, o que compromete a diversidade vegetal e animal do local, pois o hábitat de várias espécies é destruído e os moradores são expulsos de suas terras. Debata com os colegas as vantagens e desvantagens das usinas hidrelétricas. Se necessário, pesquisem esse tema. Com o resultado da pesquisa, elaborem um quadro em que haja os aspectos favoráveis e os desfavoráveis do uso da água como fonte de energia.

11 Em sua escola ocorrem problemas frequentes de desperdício de água? Em caso afirmativo, que tal fazer uma campanha de conscientização para alertar os colegas sobre a necessidade de não desperdiçar água? Vocês podem conversar com as outras turmas e fazer cartazes chamando a atenção de todos para essa situação.

CAPÍTULO 4
Cuidando do ambiente

Quebra-cabeça

Agora que aprendemos quais são os problemas ambientais de nosso planeta, é hora de encontrar soluções para cada um deles.

1 Recorte as peças da página 191, na seção **Encartes**, e descubra quais se encaixam. Forme com elas imagens que mostram ações para melhorar a qualidade do ambiente. Cole-as no espaço a seguir.

2 Que imagens você formou? Que ações surgiram?

Melhoria das condições ambientais

Vimos que nos espaços rurais e urbanos podem ser encontrados vários problemas resultantes da poluição das águas, do ar e do solo. Podemos, porém, adotar atitudes que diminuem alguns desses problemas. Além disso, a sociedade deve estar atenta, denunciar práticas errôneas e cobrar dos gestores públicos melhores condições ambientais.

Mas o que pode ser feito para solucionar esses problemas? Saneamento básico, melhor mobilidade urbana e ampliação de áreas verdes são fundamentais para um ambiente mais saudável.

Saneamento básico

Saneamento básico é um conjunto de serviços essenciais para garantir a saúde da população e a conservação do meio ambiente.

O tratamento e o abastecimento de água, a canalização e o tratamento de esgotos, a limpeza pública de ruas e avenidas, a coleta e o tratamento de lixo são parte desses serviços.

Os serviços de saneamento são responsabilidade do poder público, que deve investir o dinheiro dos impostos pagos por todos os cidadãos para melhorar a qualidade de vida da população.

▶ Acima, coleta de lixo em Brasília, Distrito Federal, 2014. Ao lado, Estação de Tratamento de Água em Teresina, Piauí, 2015.

Consumo e produção de lixo

Diariamente a propaganda nos incentiva a comprar produtos novos para substituir os mais antigos, os quais, muitas vezes, ainda poderiam ser usados. Brinquedos, roupas e sapatos, por exemplo, vão para o lixo. Na correria do dia a dia, muitas pessoas preferem objetos descartáveis, como fraldas e enlatados.

Esses hábitos geram excessiva quantidade de lixo na forma de objetos de plástico, papel e latas em abundância. A grande produção de lixo tem muitas consequências negativas, como o alto custo da coleta e tratamento do lixo e a dificuldade de encontrar áreas para a construção de **aterros sanitários**, entre outras.

▸ Aterro sanitário. Salvador, Bahia, 2017.

Glossário

Aterro sanitário: depósito onde é descartado o lixo das residências, indústrias, hospitais e construções. Grande parte desse lixo é formada por material não reciclável.

Observe algumas consequências do destino incorreto do lixo:

▸ Mau cheiro e sujeira nas ruas.

▸ Aumento da população de animais que transmitem doenças.

▸ Enchentes causadas pelo entupimento de bueiros.

▸ Desrespeito ao patrimônio público e ao particular.

Um pouco mais sobre

Conscientização

Qual é a melhor forma de nos livrarmos do lixo?

▶ Lixeiras para coleta seletiva. São Paulo, São Paulo, 2016.

[...] o pesquisador Emílio Eigenheer, da Universidade Federal Fluminense [...] disse [...]: "antes de falar na melhor forma de nos livrarmos do lixo, é preciso saber que podemos diminuir esta enorme quantidade".

Isso é possível, por exemplo, se cuidarmos melhor das nossas coisas para que elas durem mais tempo e não virem lixo tão cedo. [...] Se cuidarmos bem do que temos e comprarmos menos, teremos menos lixo para jogar fora depois. [...]

Em casa, se você mora em uma cidade que já tem coleta seletiva, separe os materiais secos – papel, plástico, metal e vidro – para que sejam encaminhados para a reciclagem. Outra opção, caso não haja coleta seletiva, é doar esses materiais para catadores e campanhas de recolhimento.

Mas o que fazer com o lixo que sobrou? "Ele deve ser bem ensacado e deixado no local e horário certos para ser recolhido pela prefeitura da cidade. Depois, deve ser levado para um aterro sanitário, onde será enterrado em local especialmente preparado", diz Emilio.

[...] Ah! Lembre-se que itens como pilhas e baterias devem ter um descarte diferenciado.

Qual a melhor forma de nos livrarmos do lixo? *Ciência Hoje das Crianças*, 15 jun. 2012. Disponível em: <http://chc.org.br/qual-a-melhor-forma-de-nos-livrarmos-do-lixo>. Acesso em: abr. 2019.

1 Você faz a coleta seletiva em casa? Como?

2 Vamos criar uma campanha de conscientização para reduzir o consumismo e, assim, diminuir a quantidade de lixo no ambiente? Com os colegas, faça cartazes e divulgue a campanha na escola.

Atividades

Leia o texto e faça o que se pede nas atividades 1 e 2.

> É com o trabalho dos catadores que tem início todo um processo de reciclagem de resíduos domiciliares no Brasil. O Unicef estima que eles sejam responsáveis por mais de 60% do papel e papelão reciclado no país, bem como por 90% do material que alimenta as indústrias de reciclagem, fazendo do Brasil um dos maiores recicladores de alumínio do mundo, por exemplo. [...] a importância dos catadores de recicláveis fica mais perceptível por diminuírem as despesas da prefeitura com o recolhimento do lixo e a quantidade que chega aos aterros ou lixões.
>
> Júlio Ruffin Pinhel (Org.). *Do lixo à cidadania: guia para a formação de cooperativas de catadores de materiais recicláveis*. Disponível em: <http://base.socioeco.org/docs/dolixoacidadania.pdf>. Acesso em: fev. 2019.

1. Junte-se aos colegas em uma roda de conversa e discutam a importância do trabalho dos catadores de lixo.

2. No caderno, elabore uma sequência de imagens que ilustre o texto.

3. Uma das alternativas para a diminuição dos resíduos sólidos é separar o material que pode ser reaproveitado ou reciclado. Pesquise esse tema e pinte o desenho de cada recipiente com uma cor, de acordo com o material que deve ser descartado nele. Depois escreva no quadro o nome de alguns itens que devem ser colocados no recipiente correto.

Metal	Papel	Plástico	Vidro
_____ _____ _____	_____ _____ _____	_____ _____ _____	_____ _____ _____

Ilustrações: Estúdio Kiwi

4 Faça uma relação dos produtos que são mais consumidos em sua casa.

_____
_____
_____
_____
_____

5 Compare sua lista com a de um colega. O que é semelhante nas duas listas? O que é diferente?

6 Circule, em sua lista, os produtos que você considera indispensáveis para sua família.

7 Dos produtos consumidos em sua casa, quais embalagens podem ser reaproveitadas?

8 Vocês sabem quanto lixo é produzido diariamente na sala de aula? Vamos observar e tentar descobrir.

a) Em primeiro lugar, separem um saco plástico de 20 litros e deixem-no em um local em evidência na sala de aula. No dia determinado para fazer a observação, joguem todo o lixo dentro do saco plástico. No final da aula, verifiquem quanto lixo foi produzido.

b) Grande quantidade do que jogamos fora pode ser reaproveitada, diminuindo o volume de lixo. Se todas as salas de aula da escola produzissem a mesma quantidade de lixo, quanto lixo seria produzido todo dia somente na escola? Calculem.

Como eu vejo

Alimentação saudável

Para evitar que a contaminação dos alimentos provoque doenças, é importante **lavar as mãos** antes de manipulá-los e evitar tossir ou espirrar sobre eles. É preciso ainda **higienizar frutas, verduras e legumes em água corrente** e colocá-los em solução de hipoclorito de sódio.

Cristiane Viana

Um terço dos alimentos consumidos pelos brasileiros está contaminado por agrotóxicos, por isso a **correta higienização** dos alimentos é muito importante.

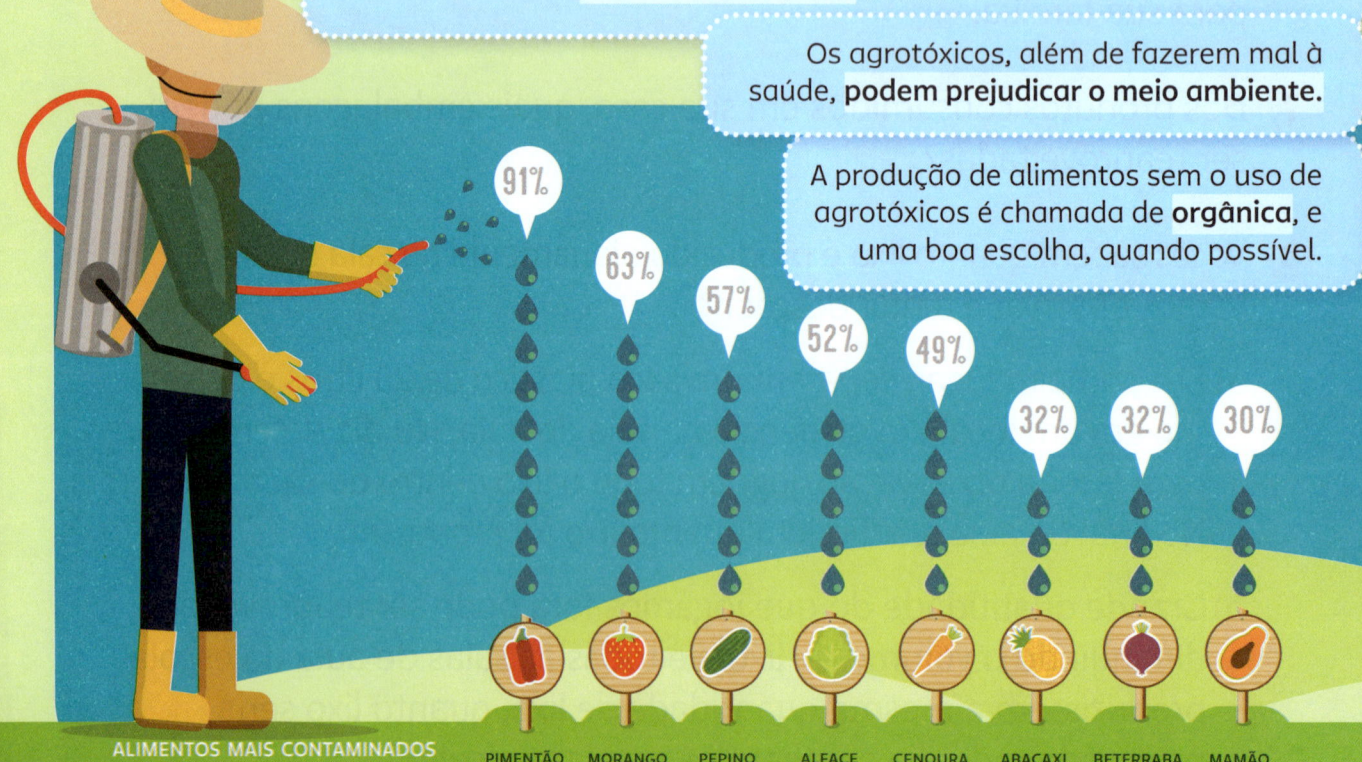

Os agrotóxicos, além de fazerem mal à saúde, **podem prejudicar o meio ambiente.**

A produção de alimentos sem o uso de agrotóxicos é chamada de **orgânica**, e uma boa escolha, quando possível.

ALIMENTOS MAIS CONTAMINADOS COM AGROTÓXICOS

PIMENTÃO	MORANGO	PEPINO	ALFACE	CENOURA	ABACAXI	BETERRABA	MAMÃO
91%	63%	57%	52%	49%	32%	32%	30%

Brasil. Ministério da Saúde. Secretaria de Atenção à Saúde. Departamento de Atenção Básica. *Guia alimentar para a população brasileira*. Ministério da Saúde, 2. ed. Brasília, 2014. Disponível em: <http://bvsms.saude.gov.br/bvs/publicacoes/guia_alimentar_populacao_brasileira_2ed.pdf>. Acesso em: fev. 2019.

A escolha dos alimentos é um dos passos principais para a alimentação saudável.

Prefira sempre alimentos *in natura*, ou seja, aqueles que não sofrem alteração após deixar a natureza, ou os minimamente processados.

Consuma moderadamente alimentos **processados** e evite os alimentos **ultraprocessados**.

ALIMENTO IN NATURA

ALIMENTO PROCESSADO

ALIMENTO ULTRAPROCESSADO

LEITE PROMOÇÃO

Nosso país é muito diverso, e isso se reflete na alimentação.
Veja alguns exemplos de **café da manhã saudáveis e típicos** de diversas partes do Brasil.

LEITE, CUSCUZ E OVO

CAFÉ COM LEITE, BOLO DE CENOURA E MELÃO

SUCO DE LARANJA, TAPIOCA E BANANA

CAFÉ, MAMÃO E PÃO COM QUEIJO

1. Que cuidados de higiene e para a eliminação de agrotóxicos sua família usa ao preparar alimentos?
2. Você consome muitos produtos ultraprocessados? Por quais alimentos *in natura* poderia substituí-los?

Fernando Ferreira Carneiro, Lia Giraldo da Silva Augusto, Raquel Maria Rigotto, Karen Friedrich e André Campos Búrigo (Org.). *Dossiê Abrasco: um alerta sobre os impactos dos agrotóxicos na saúde.* Rio de Janeiro: EPSJV; São Paulo: Expressão Popular, 2015. Disponível em: <www.abrasco.org.br/dossieagrotoxicos/wp-content/uploads/2013/10/DossieAbrasco_2015_web.pdf>. Acesso em: fev. 2019.

Como eu transformo

A escolha dos alimentos

Matemática **Ciências** **Língua Portuguesa**

O que vamos fazer?
Pesquisa de hábitos alimentares e campanha de incentivo à alimentação saudável.

Com quem fazer?
Com os colegas, o professor, demais funcionários da escola, familiares, médicos e agentes de saúde.

Para que fazer?
Para verificar como é a alimentação das pessoas da escola e da família e, com base nos dados coletados, promover uma campanha de incentivo à alimentação saudável.

Como fazer?

1. Elabore, com o professor e os colegas, um questionário sobre alimentação diária para descobrir hábitos alimentares de pessoas da escola e de sua família, e também quais são os alimentos que elas mais consomem.

2. Entreviste três pessoas com o questionário. No dia combinado, traga as informações que coletou.

3. Compartilhe os dados com os colegas e o professor e, juntos, façam um gráfico de barras. Reproduzam no gráfico as informações que o professor lhes entregará.

4. Com a ajuda do professor, analise e interprete esses dados. O que vocês descobriram?

5. De acordo com o infográfico das páginas anteriores, que indica os passos de como alimentar-se corretamente, o que você aprendeu seguindo esses passos?

6. Organize, com o professor e os colegas, um dia de alimentação adequada e saudável na escola. Nesse dia, todos os convidados poderão receber dicas sobre como alimentar-se melhor.

Em sua opinião, sua alimentação é saudável? Por quê?

Hora da leitura

Reutilizar para preservar

Artista plástico cria bicicletas feitas com garrafas PET

Um artista plástico descobriu uma forma de transformar garrafas PET em bicicletas ecológicas. [...]

Para que o material se transforme em um meio de transporte de duas rodas, a garrafa PET é triturada e transformada em pó. Em seguida, o pó vai para uma máquina que faz o molde. Depois é só instalar os outros componentes, como freio, rodas, pedal, e a bicicleta estará pronta. [...]

O desejo [...] é que, no futuro, as bicicletas sejam mais baratas e cheguem às pessoas pobres, que muitas vezes sofrem com meios de transporte cheios e caros.

No Brasil, a reciclagem ainda é uma atividade pouco praticada. Segundo a Abrespe, Associação Brasileira de Empresas de Limpeza Pública e Resíduos Especiais, os brasileiros produzem 76 milhões de toneladas de lixo, sendo que apenas 3% desses materiais vão para a reciclagem.

_{Joca, 30 nov. 2016. Disponível em: <https://jornaljoca.com.br/portal/artista-plastico-cria-bicicletas-feitas-com-garrafas-pet>. Acesso em: abr. 2019.}

Converse com os colegas e o professor e responda:

1. Que tipo de ação ambiental você consegue identificar no texto da reportagem?

2. Qual é o benefício dessa ação para o meio ambiente?

3. A reportagem afirma que os brasileiros produzem 76 milhões de toneladas de lixo, e apenas 3% desse material vai para reciclagem. Você acha que esse dado é positivo? Explique.

Revendo o que aprendi

1 Escreva qual é o tipo de poluição apresentado nas imagens e indique formas de evitá-lo.

▶ Lixão na Chapada dos Guimarães, Mato Grosso, 2016.

▶ Esgoto despejado no Rio Paraíba do Sul. Jacareí, São Paulo, 2014.

_____

_____

_____

2 Explique a importância do saneamento básico.

_____

_____

3 Cite as atividades que fazem parte do saneamento básico.

_____

_____

_____

Leia a tira e responda às questões de 4 a 6.

4 Que problema ambiental está retratado?

_____

5 Quem é responsável por esse problema ambiental?

_____

6 Além dessa agressão ambiental, que outro tipo de problema afeta as águas dos rios?

_____

7 Represente por meio de desenhos, em uma folha avulsa, uma atitude ou ação considerada ambientalmente correta em relação ao espaço rural e ao espaço urbano.

8 Leia a placa ao lado e responda: que cuidados com o ambiente estão destacados na sinalização?

_____

9 No lugar em que você mora são tomados cuidados com o meio ambiente? Quais?

_____

_____

▶ São Paulo, São Paulo, 2015.

Nesta unidade vimos

- O uso de agrotóxicos, as queimadas, o desmatamento e a mineração são problemas que comprometem a qualidade do solo no espaço rural. No espaço urbano, os problemas são a impermeabilização do solo, as construções irregulares nas encostas de morros e nas margens dos rios, além da produção excessiva de lixo.

▶ A mineração deixa o solo desprotegido, como retratado na página 94.

- Existem formas de conservação do solo e da água, como a manutenção da vegetação, o reaproveitamento da água, a diminuição de uso de agrotóxicos, entre outras.

▶ A manutenção da mata ciliar é uma forma de conservação do solo, como vimos na página 100.

- Algumas medidas que melhoram as condições do ambiente são saneamento básico e redução do consumo e da produção de lixo.

▶ O saneamento básico é fundamental para um ambiente saudável, como estudado na página 105.

Para finalizar, responda:
- O que diferencia a paisagem urbana da rural?
- Que ações agridem o solo e a água nos espaços urbano e rural?
- Que práticas contribuem para a conservação do solo e da água?

Para ir mais longe

Livros

▶ **O riacho**, de Júlio Emílio Braz e Salmo Dansa. São Paulo: FTD, 2001.

Descreve as transformações sofridas por um riacho com a chegada do ser humano, como a morte dos peixes e o fim da mata de suas margens.

▶ **Iara e a poluição das águas**, de Samuel Murgel Branco. São Paulo: Moderna, 2002.

Iara é a personagem do folclore brasileiro que protege as águas. Nesse livro, ela e outros personagens abordam a poluição das águas e a destruição da natureza.

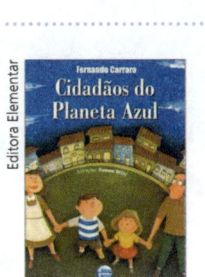

▶ **Cidadãos do Planeta Azul**, de Fernando Carraro. São Paulo: Elementar, 2008.

O livro conta a história de Rafael, um menino que resolveu exercer a cidadania em prol do meio ambiente e das pessoas que trabalham na coleta de lixo.

▶ **Seis razões para diminuir o lixo no mundo**, de Nílson José Machado e Silmara Rascalha Casadei. São Paulo: Escrituras, 2007.

Descubra a origem da palavra **lixo** e seus diferentes tipos. Aprenda a importância de reduzir, reutilizar, reciclar e produzir menos lixo.

Filmes

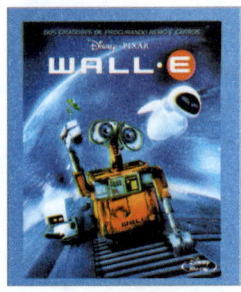

▶ **Wall-e**. Direção de Andrew Stanton. Estados Unidos: Walt Disney e Pixar, 2008, 98 min.

Após poluir todo o planeta, os humanos foram viver no espaço em uma gigantesca nave e deixaram robôs para limpar a Terra. O robô Wall-e continua fazendo a tarefa para a qual foi programado: compactar o lixo. Certo dia, chega uma nave que traz outro robô: Eva. Ela foi enviada para cumprir a missão de procurar exemplares vegetais vivos.

Sites

▶ **Recicloteca:** <www.recicloteca.org.br>.

A página apresenta informações e dicas sobre reciclagem.

▶ **Jogo Lixo Legal:** <http://cempre.org.br/jogolixolegal>.

Forma divertida de aprender a lidar com o lixo brincando com um jogo de trilha.

UNIDADE 4
Mapas e localização

- Quais dos instrumentos que as crianças estão utilizando podem facilitar situações de deslocamento?
- Qual é a importância desses instrumentos?
- Você já utilizou algum deles? Em que situação?

CAPÍTULO 1 — Representando os trajetos

Um mapa da vizinhança

Rafaela está indo ao dentista, em um posto de saúde perto de sua casa. Observe uma forma de representação do caminho que ela irá percorrer e pinte o desenho.

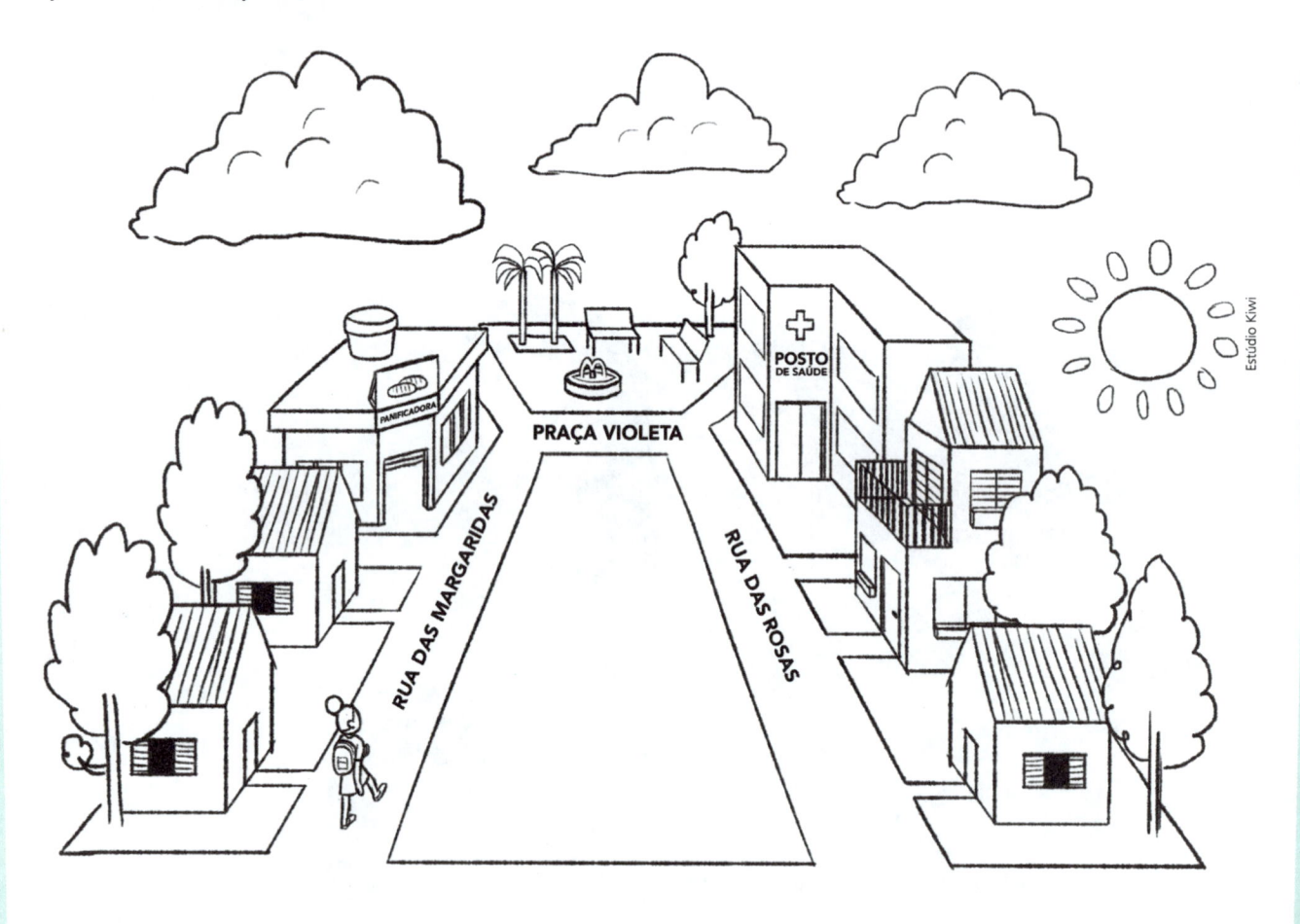

1. Qual é o nome da rua em que Rafaela mora?

2. Qual é o nome da rua onde fica o posto de saúde?

3. Cite duas referências que Rafaela pode observar nesse trajeto.

Os pequenos mapas

Quando queremos localizar nosso endereço, podemos utilizar uma **planta**. Nessa representação são mapeados espaços reduzidos, como parte de uma cidade.

Uma das características mais interessantes das plantas é a riqueza de detalhes que podem ser representados nelas. Veja no exemplo abaixo como as vias de circulação, as construções e a vegetação são representadas na planta. É possível também utilizar símbolos e desenhos para ilustrar o que se deseja em uma planta.

Por causa dessa característica, as plantas são muito úteis para representar partes de um município, organizar guias de ruas, guias turísticos etc.

▶ Planta do bairro Duque de Caxias, na cidade de Cuiabá, em Mato Grosso, março de 2017.

Cartografar

1 Observe na planta a seguir dois trajetos diferentes percorridos por uma pessoa ao se deslocar do local em que mora até o parque. Depois responda às questões.

a) Qual é o caminho mais longo?

_____

b) Que caminho passa por uma área onde há menor quantidade de moradias?

_____

Atividades

1. Observe a fotografia e a planta, que representam o mesmo espaço. Depois faça o que se pede.

▶ Praça da República. Recife, Pernambuco, 2013.

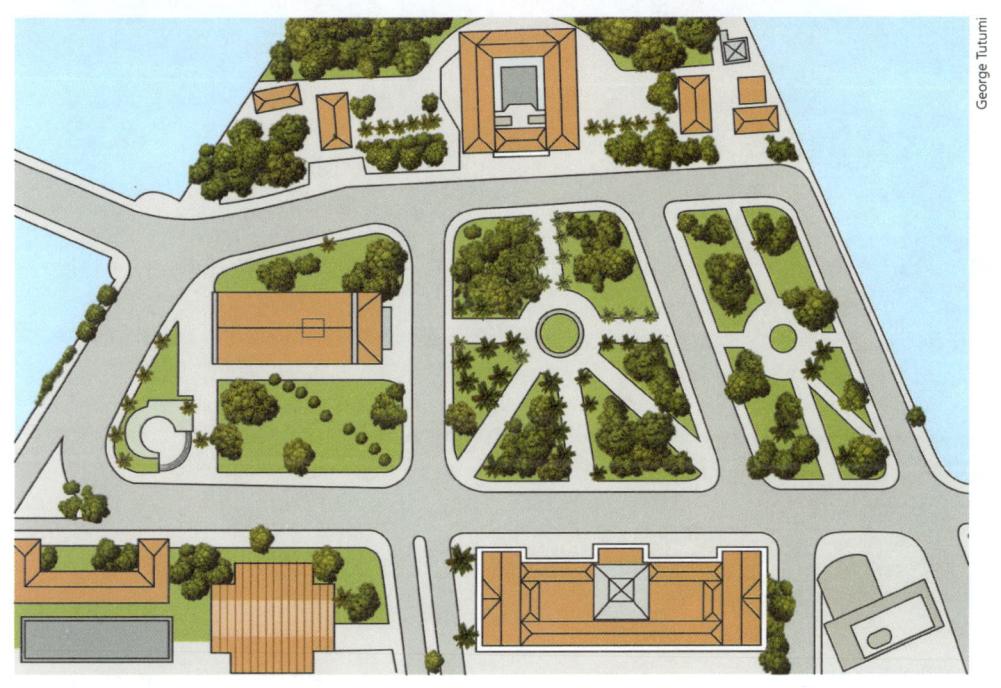

Pinte os quadradinhos com as cores utilizadas na planta para representar os elementos da praça.

a) A vegetação: ☐   b) O rio: ☐   c) As construções: ☐

123

CAPÍTULO 2

Localização e pontos de referência

Seguindo as referências

Muitas vezes, para nos localizarmos ou indicarmos um lugar, usamos pontos de referência.

Imagine que você está no local demarcado como início e, para achar um tesouro, precisa seguir as referências escritas em um bilhete que estava dentro de uma garrafa de vidro encontrada no mar. Marque seu caminho com um tracejado e o local onde está o tesouro escondido com um **X**!

> Siga em frente. Contorne a pedra pelo lado direito até chegar ao coqueiro. Vire à esquerda e caminhe até chegar ao lago. Atravesse-o nadando. Quando chegar do outro lado, vire à esquerda até encontrar o local do tesouro.

Na figura foram utilizadas cores-fantasia. Os elementos não estão representados proporcionalmente entre si e seu tamanho não corresponde ao tamanho real.

1 Onde está o tesouro escondido?

Usando referências

Para encontrar o tesouro no mapa da página anterior, você precisou seguir as referências, que incluíam elementos naturais e culturais.

Quando você explica a alguém como chegar a sua moradia, utiliza, também, referências de lugares próximos a ela. Essas referências são chamadas de locais, isto é, são conhecidas pelas pessoas que vivem nas proximidades.

Observe a seguir um modelo de convite de aniversário. Nele constam o endereço, o caminho a ser utilizado e algumas referências para chegar ao local da festa.

Convite

Venha comemorar o meu aniversário! Veja como chegar:
Meu endereço é: Rua da Amizade, 54. Bairro da Paz.

Na figura foram utilizadas cores-fantasia. Os elementos não estão representados proporcionalmente entre si e seu tamanho não corresponde ao tamanho real.

Uma praça, um ponto de ônibus, um mercado, uma escola ou um campo de futebol são exemplos de referências que podem ser utilizadas para facilitar nossa localização.

Para indicá-las, usamos referências de proximidade e distância: o hospital em frente à minha casa, a loja ao lado da escola, a padaria atrás da praça, o ponto de ônibus mais perto da creche etc.

Diferentes elementos podem ser utilizados para indicar a localização e facilitar o deslocamento de um lugar para outro. Observe o exemplo a seguir.

Em locais como o apresentado na imagem é possível utilizar o rio como ponto de referência. Assim, podemos dizer se as moradias ficam próximas ao rio ou distantes dele.

E você, sabe dar referências quando explica seu endereço?

Há situações em que as referências são conhecidas por um número bem maior de pessoas. Elas são denominadas mundiais, como o morro do Pão de Açúcar, no Rio de Janeiro.

▶ Morro do Pão de Açúcar. Rio de Janeiro, Rio de Janeiro, 2016.

Um pouco mais sobre

Como se localizar

O aparelho eletrônico chamado de GPS (*Global Positioning System*, ou Sistema de Posicionamento Global) é utilizado para fornecer informações de localização. Indica, por exemplo, os caminhos ou rotas a serem seguidos. Auxilia as pessoas a orientar-se e localizar-se no espaço. Atualmente ele pode ser encontrado em automóveis e celulares.

▶ GPS acoplado a automóvel em São Paulo, São Paulo, 2017.

Para orientar-se há também os guias de ruas, que podem ser impressos ou digitais. Neles estão indicadas as plantas de uma cidade com as ruas, estações de trem ou metrô, paradas de ônibus, além de hospitais, parques e outros locais de interesse público. Observe a planta ao lado em um guia de ruas.

1 Você ou alguém de sua família já utilizou um GPS? Em que situação?

2 Descreva duas situações que apresentem a importância da utilização de um guia de ruas ou um GPS.

▶ Guia de Ruas da cidade do Rio de Janeiro, Rio de Janeiro, 2010.

#Digital

Rota para a sua festa de aniversário!

Você aprendeu que mapas são muito importantes para nos orientar e para indicar os lugares.

Se você fosse explicar aos amigos o melhor percurso da escola até sua casa, como faria? Quais recursos visuais utilizaria? Lembre-se de que todos seguirão as orientações e ninguém vai querer chegar atrasado a seu aniversário.

1 Crie uma rota entre a escola e sua casa usando um programa ou aplicativo de localização geográfica.

a) Encontre pontos de referência entre a escola e sua casa para indicar aos amigos, com o objetivo de facilitar a orientação do trajeto a ser percorrido. Lembre-se de que eles não fazem esse caminho com frequência, portanto, precisam de boas referências para chegar a sua casa com tranquilidade.

b) Após eleger a melhor rota e indicar os principais pontos de referência, é hora de elaborar o convite de seu aniversário. Em uma folha de papel separada e consultando o recurso digital utilizado, desenhe um convite com um mapa do trajeto a ser percorrido da escola até sua casa. Não se esqueça de incluir seu endereço, ilustrar as ruas, escrever o nome delas e dos principais pontos de referência indicados.

Atividades

Enzo e Amanda moram no mesmo bairro. Ele mora na casa vermelha e ela na casa azul. Observe na ilustração o que existe próximo à casa de cada um deles. Depois, responda às questões a seguir.

1. Quais referências Enzo pode indicar para a localização da casa dele?

_____

_____

2. Quais referências Amanda pode indicar para a localização da casa dela?

_____

_____

CAPÍTULO 3
Os mapas

Representações do espaço geográfico

Você já deve ter visto alguma representação do mapa do Brasil. Veja abaixo uma imagem que mostra o contorno de nosso território e a localização aproximada de algumas atrações turísticas simbólicas de determinadas regiões do país.

1. Quais dessas imagens você conhece? O que sabe delas?

2. Utilize algum material, como massa de modelar, para criar a representação de um elemento característico do lugar onde você vive (uma atração turística, por exemplo). Organize com o professor e a turma uma exposição das produções. Se necessário, incluam pequenas placas que indiquem o elemento representado.

Gutto Paixão

Na figura foram utilizadas cores-fantasia. Os elementos não estão representados proporcionalmente entre si e seu tamanho não corresponde ao tamanho real.

Como são feitos os mapas

Mapas são representações reduzidas dos espaços sobre uma superfície plana, como uma folha de papel ou a tela de um computador. Por meio dos mapas podemos descobrir várias informações sobre o espaço explorado: se há florestas, rios, como é o clima, quantas pessoas vivem no local, quais são as atividades econômicas e muitas outras. Mas como os mapas são feitos?

▶ Imagem aérea de Fortaleza, Ceará, 2017.

Primeiramente, o espaço a ser mapeado é fotografado na visão vertical, ou seja, de cima para baixo. Fotografias aéreas, imagens de satélites e programas digitais são utilizados na confecção de mapas. Vamos ver um exemplo.

Fortaleza-Ceará: Praia de Iracema

Fontes: *Atlas geográfico escolar*. 7. ed. Rio de Janeiro: IBGE, 2016. p. 164; *Google Earth*, 2017. Disponível em: <https://goo.gl/maps/KD75ESK5EwJ2>. Acesso em: abr. 2019.

Observe que desenhos e cores foram utilizados como recursos para representar o traçado dos espaços na elaboração do mapa.

Cartografar

1 Escolha três objetos distintos. Coloque-os no chão e, de acordo com a maneira pela qual são feitos os mapas, olhando de cima para baixo, represente-os com desenhos mantendo a proporcionalidade do tamanho (objeto maior – representação maior; objeto menor – representação menor) e a posição em que se encontram (à direita, no centro ou à esquerda).

2 Observe a fotografia aérea de uma paisagem do Balneário Barra do Sul.

▶ Balneário Barra do Sul, Santa Catarina, 2017.

Agora mapeie essa porção da superfície terrestre. Represente com desenhos os elementos que você identifica na imagem.

Um pouco mais sobre

História dos mapas

Antes mesmo de surgir a escrita, os seres humanos já usavam representações da superfície terrestre para se comunicar. Nossos ancestrais usavam símbolos para marcar pontos de referência e registrar os locais em que havia água, grandes montanhas e qualquer outro tipo de informação que fosse importante para eles.

Esses mapas das terras conhecidas eram desenhados em argila, madeira, peles de animais, rochas e outros materiais.

Com o tempo, os mapas foram se aperfeiçoando e relatos de viajantes ajudavam os **cartógrafos** a fazer as representações dos espaços. Esses mapas passaram a ser desenhados em papel ou telas.

Foi somente no **século 20** que as fotografias aéreas, as imagens de satélites e os computadores passaram a ser usados para fazer os mapas.

▶ Mapa da cidade de Nippur, feito em terracota pela civilização suméria. Tell Telloh, Iraque, c. 3 000 a.C.

Glossário

Cartógrafo: profissional dedicado à produção de mapas.

Século 20: período de cem anos, compreendido entre os anos de 1901 e 2000.

1 Copie somente a primeira letra da palavra de cada desenho e descubra o nome que se dá à arte e ciência de fazer mapas.

_____

Atividades

1 Assinale somente as palavras relacionadas a mapas.

☐ representação ☐ espaço ☐ animal

☐ flores ☐ parede ☐ plano

2 Vamos mapear um dos espaços da escola? Para isso vocês devem fazer uma maquete, que é a representação em tamanho menor de um espaço e seus elementos. Forme um grupo com uns colegas e, juntos, sigam estas etapas.

1. Escolham o espaço que será mapeado.

2. Observem todos os elementos que compõem esse espaço e a localização de cada um deles.

3. Separem sucatas, como caixas e tampinhas, para serem utilizadas na produção de uma maquete coletiva.

4. Escolham os elementos que serão mapeados e determinem quais objetos os representarão na maquete.

5. Posicionem os objetos respeitando a disposição que os elementos ocupam no espaço.

6. Depois de pronta a maquete é hora de cada um mapear esse espaço. Lembre-se de que o mapa é produzido com base na visão vertical. Note os contornos dos objetos vistos de cima. Eles serão fundamentais para sua representação.

7. Exponham suas produções no mural da sala de aula.

CAPÍTULO 4 — Elementos de um mapa

Representando lugares

Na figura os elementos não estão representados proporcionalmente entre si e seu tamanho não corresponde ao tamanho real.

Você já ouviu falar na história de Peter Pan? Ele é um garoto que se recusa a crescer e vive junto da fada Sininho e dos Meninos Perdidos. Este é um desenho da Terra do Nunca, uma ilha fantástica onde Peter Pan vive:

1 Pinte a imagem acima utilizando cores diferentes para cada elemento da ilustração. Depois pinte cada quadradinho com a cor que você usou para representar os elementos.

☐ mar
☐ chão
☐ morros
☐ vegetação

As legendas

Na atividade da página anterior, você percebeu que para representar cada elemento da imagem utilizou uma cor diferente?

Nos mapas também há símbolos que identificam o que está representado. Esses símbolos podem ser cores, pontos, desenhos ou traços.

Quando o símbolo é um desenho representativo, fica mais fácil compreender o que está sendo comunicado.

Observe alguns símbolos usados nos mapas:

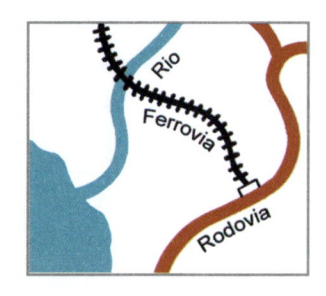

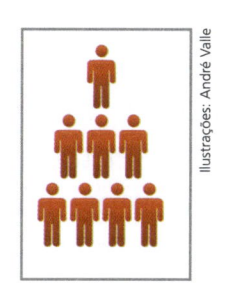

Mas e quando os mapas não têm desenhos, só cores? Ou quando há somente pontos de vários tamanhos? O que cada um deles significa? Para resolver essa questão existe a legenda, o texto explicativo que indica o significado das cores e dos símbolos utilizados no mapa. A leitura da legenda possibilita a compreensão do mapa e a interpretação das informações representadas. A legenda normalmente está na parte lateral ou inferior do mapa.

Outro elemento que sempre consta nos mapas é a **rosa dos ventos**, que indica a orientação identificando as direções.

Mato Grosso: terras indígenas

Fontes: Povos indígenas do Brasil. Disponível em: <https://pib.socioambiental.org/pt/Localização_e_extensão_das_TIs>. IBGE. Disponível em: <http://indigenas.ibge.gov.br/mapas-indigenas-2>. Terras indígenas no Brasil. Disponível em: <https://terrasindigenas.org.br>.
Acessos em: abr. 2019. *Atlas geográfico escolar*. 7. ed. Rio de Janeiro: IBGE, 2016. p. 179.

As escalas

Qualquer espaço que quisermos representar em um mapa – a sala de aula, nosso bairro ou mesmo todo o Brasil – é muito maior que a folha de papel na qual o mapa será feito. Como reproduzir um espaço tão grande em uma folha de papel tão pequena? A representação do espaço terá de ser reduzida.

Em um mapa, a escala indica quantas vezes a realidade foi diminuída para poder ser representada.

Veja, a seguir, o exemplo da planta de uma sala de aula. Para descobrir qual foi a escala utilizada na planta, temos de saber o tamanho real do que está representado no papel. Assim, podemos utilizar a medida de nossos passos para descobrir o tamanho de um dos lados da sala de aula.

14 passos
1 passo = 50 centímetros

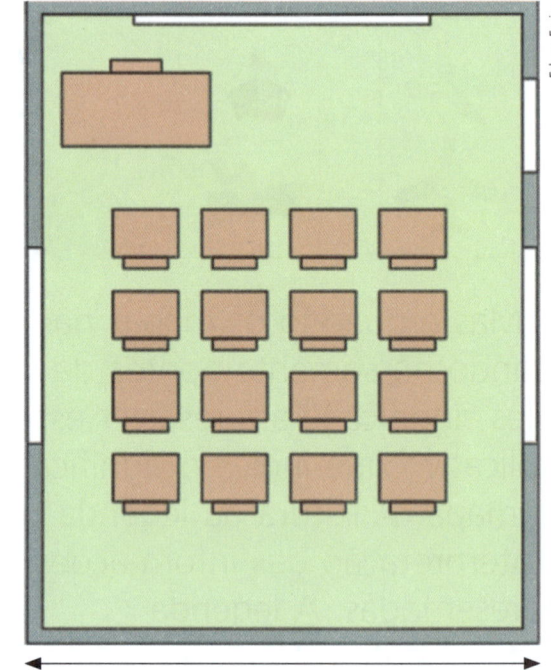

14 passos = 7 metros

Neste exemplo, a parte do fundo mede 14 passos; se considerarmos que cada passo mede 50 centímetros, essa parte da sala de aula mede 700 centímetros, ou seja, 7 metros no total.

Observe na planta o local correspondente ao fundo da sala de aula, onde os passos foram contados: ele mede 7 cm.

Assim, sabemos que, na planta, o tamanho real de um lado da sala de aula foi reduzido de 7 metros para 7 centímetros. Com essas informações, podemos calcular a escala da planta: se 7 centímetros equivalem a 7 metros, 1 centímetro, nessa planta, equivale a 1 metro.

Com a informação da escala, é possível calcular o tamanho real de qualquer outro objeto da planta.

Cartografar

1 Vamos fazer uma redução mantendo as devidas proporções? Para isso, reproduza o desenho nas quadrículas menores respeitando o que está desenhado nas quadrículas maiores.

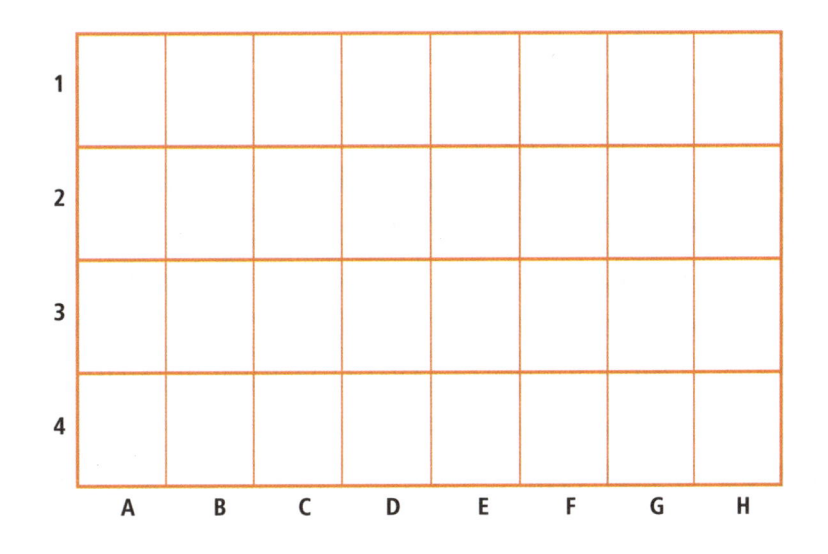

Um pouco mais sobre

Produção de um mapa

O mapa é a representação de um espaço. Ele sempre tem um **título** que informa qual é o espaço ou o tema representado.

Quando o cartógrafo faz um mapa, procura usar símbolos que sejam facilmente reconhecidos. Assim, foi padronizado que a cor azul usada em um mapa indica sempre a presença de água. Já o verde representa áreas com vegetação.

As diferentes altitudes são geralmente representadas pelas seguintes cores: verde-claro para as áreas mais baixas; conforme aumentam as altitudes, as cores vão passando para amarelo e laranja, até finalizar no marrom, que representa as áreas mais elevadas da superfície terrestre.

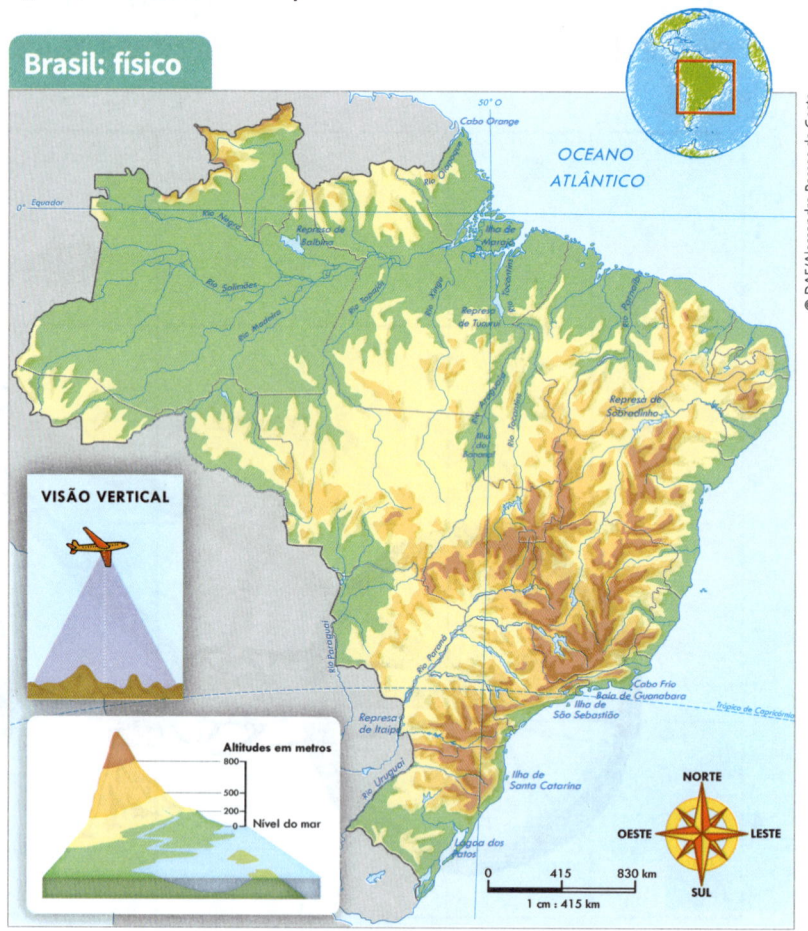

Fonte: Graça Maria Lemos Ferreira; Marcelo Martinelli. *Atlas geográfico ilustrado*. 4. ed. São Paulo: Moderna, 2012. p. 17.

Vamos participar de uma aula de campo?

1. Com o professor, caminhe por ruas próximas da escola e, durante o trajeto, anote em uma folha de papel todos os elementos da paisagem que você observou tanto à sua direita quanto à sua esquerda.
2. Ao retornar para a sala de aula, forme um grupo com três colegas. Cada grupo deve criar símbolos para todos os elementos. Lembrem-se de fazer a legenda com o significado de cada símbolo.
3. Comparem os símbolos dos grupos e verifiquem se eles foram semelhantes ou diferentes.

Atividades

1 Escolha símbolos para representar os elementos indicados. Desenhe-os no quadro que corresponde a cada elemento.

a) biblioteca

b) cantina

c) quadra de esportes

d) horta

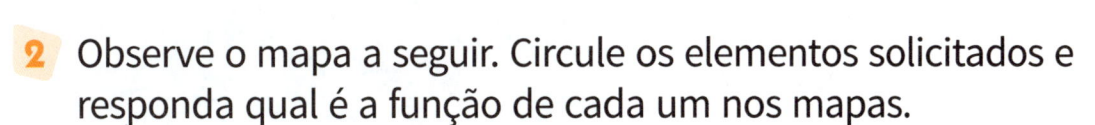

2 Observe o mapa a seguir. Circule os elementos solicitados e responda qual é a função de cada um nos mapas.

a) título

_____

_____

b) escala

_____

_____

c) legenda

_____

_____

d) rosa dos ventos

_____

_____

Balneário Camboriú: vias públicas

Balneário Camboriú (SC)

Avenidas
Ruas

Fonte: Google Maps. Disponível em: <https://goo.gl/maps/bea6hoafUqn>. Acesso em: abr. 2019.

1 cm : 45 m

Hora da leitura

A importância dos mapas

Mapas são documentos muito importantes para a vida em sociedade. Leia o texto a seguir, que fala sobre a utilidade dos mapas.

O mapa é um documento

O mapa é uma coisa que mostra tudo o que tem no mundo, ou melhor, na Terra.

O mapa pode mostrar a foto do mundo todo, pode mostrar cada país, cada estado, cada município.

O mapa também pode mostrar terras indígenas. Através dos mapas, podemos descobrir onde há rios, cidades, estradas, pontes, aldeias indígenas, serras, florestas, lagos, onde a floresta já foi desmatada.

O mapa pode mostrar muitas coisas.

O mapa é um documento usado por nós para identificar muitas coisas.

Loike Kalapalo. O mapa é um documento. In: *Geografia indígena*. São Paulo: Instituto Socioambiental; Brasília: MEC, 1996. p. 25.

1 Como o autor do texto define um mapa? Você concorda com ele?

2 Os povos indígenas também fazem e usam mapas. O que eles podem descobrir por meio dessas representações?

GEOGRAFIA em ação

Mapas para todos!

Você já se perguntou como as pessoas com deficiência visual podem compreender os mapas? Waldirene, especialista em cartografia tátil, produz e divulga mapas inclusivos. Leia a entrevista a seguir.

Os mapas, em geral, trazem informações gráficas, de cores, linhas e pontos. No caso dos mapas táteis, como é feita a representação de seus elementos?

Os mapas táteis precisam estar em um formato que possa ser lido também pelo tato, por isso eles são construídos com símbolos em relevo e texturas que substituem a informação gráfica (linhas, pontos e cores). No entanto, é comum que os mapas táteis também apresentem cores contrastantes e letras impressas (além do braile), assim podem ser utilizados por diversos usuários (com deficiência visual ou não).

E a escala, como é calculada e indicada nesses mapas?

O cálculo da escala segue os mesmos critérios utilizados para outros mapas. Nos mapas táteis, a escala numérica pode ser representada na parte inferior do mapa (escrita em tinta e em braile), mas as avaliações realizadas por diversos pesquisadores da área demonstraram que a escala gráfica é mais eficaz e mais fácil de ser compreendida pelos usuários com deficiência visual, devendo ser indicada por um segmento de reta em relevo e seu respectivo valor (escrito em tinta e em braile).

Qual é a importância da cartografia tátil para um ensino mais inclusivo e democrático?

Considerando as pessoas com deficiência, o grupo que encontra mais barreiras no estudo da Geografia é o de pessoas com deficiência visual, em razão da importância da visualização do espaço geográfico e de suas representações. Os materiais didáticos de Geografia contêm muitos mapas, gráficos e esquemas, por isso, imagens e representações gráficas adaptadas ao tato tornam-se imprescindíveis para uma Geografia inclusiva. É um direito das pessoas com deficiência visual ter acesso a materiais didáticos que atendam às suas necessidades.

Waldirene Ribeiro do Carmo é geógrafa e trabalha no Laboratório de Ensino e Material Didático do Departamento de Geografia da Universidade de São Paulo.

Revendo o que aprendi

1 Observe a fotografia e responda: O que ela representa?

▶ Tatuí, São Paulo, 2016.

_____

_____

2 Leia a tira e responda à questão.

— Ei! Por favor... você sabe onde mora o Cebolinha?
— Claro! É fácil de achar!
— É só olhar a antena da casa!

De acordo com a tira, que referência pode ser utilizada para localizar a casa de Cebolinha?

_____

3 Perto de sua casa há alguma referência que facilite localizá-la? Qual?

_____

4. Observe o informe turístico de Alagoas a seguir e converse com os colegas.

   a) Que símbolos foram utilizados para representar os elementos na imagem?

   b) Que atividades de lazer podem ser feitas no espaço representado?

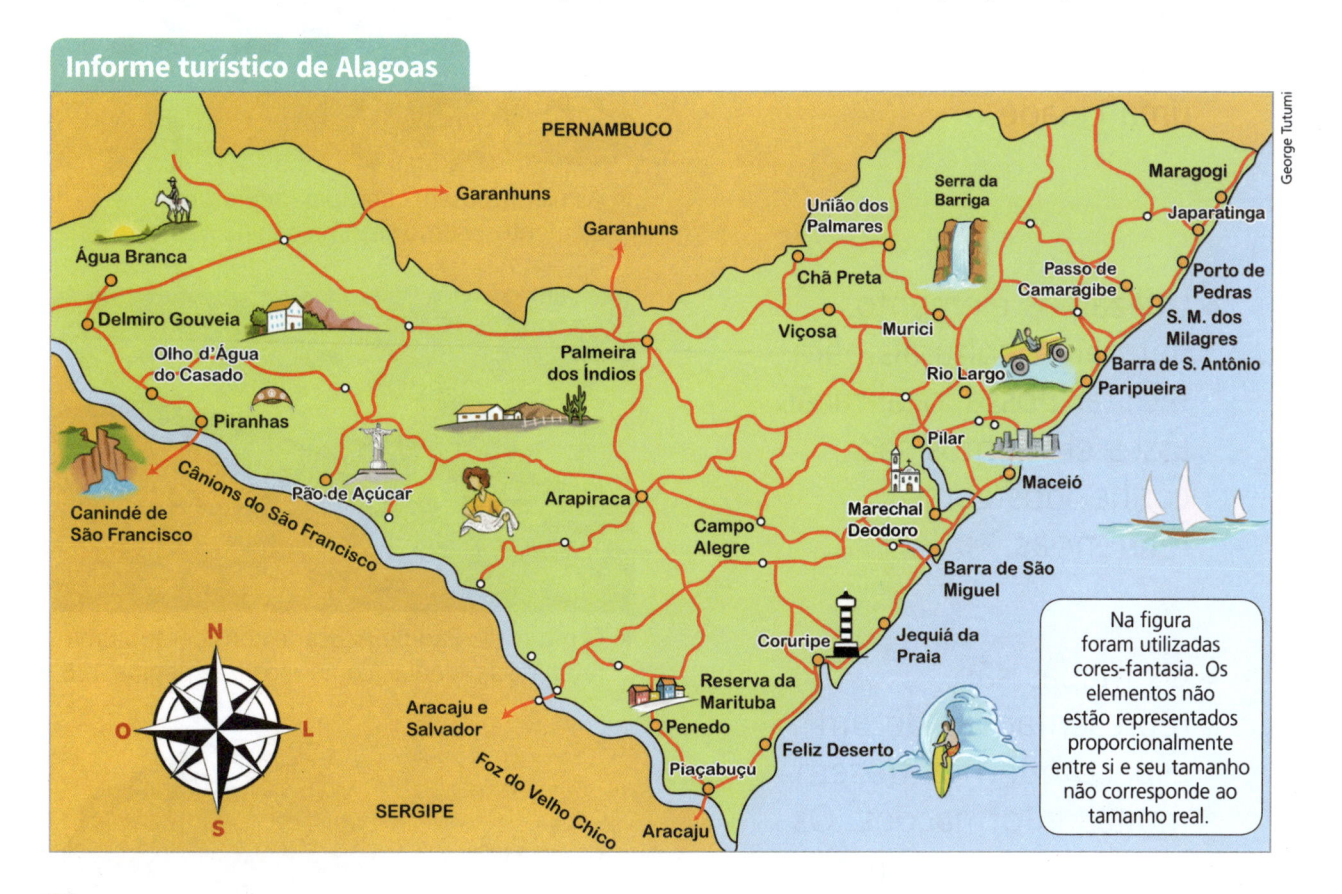

Informe turístico de Alagoas

Na figura foram utilizadas cores-fantasia. Os elementos não estão representados proporcionalmente entre si e seu tamanho não corresponde ao tamanho real.

5. Encontre no diagrama o nome dos quatro elementos presentes em um mapa.

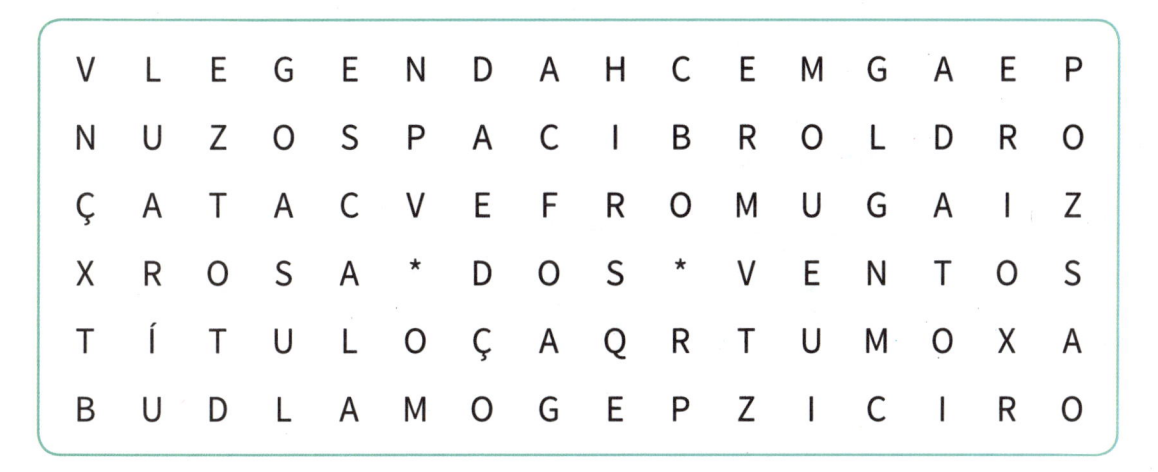

V	L	E	G	E	N	D	A	H	C	E	M	G	A	E	P
N	U	Z	O	S	P	A	C	I	B	R	O	L	D	R	O
Ç	A	T	A	C	V	E	F	R	O	M	U	G	A	I	Z
X	R	O	S	A	*	D	O	S	*	V	E	N	T	O	S
T	Í	T	U	L	O	Ç	A	Q	R	T	U	M	O	X	A
B	U	D	L	A	M	O	G	E	P	Z	I	C	I	R	O

145

Nesta unidade vimos

- Para localizarmos um endereço, podemos utilizar uma planta. Nesse tipo de representação são mapeados espaços reduzidos, como parte de uma cidade.

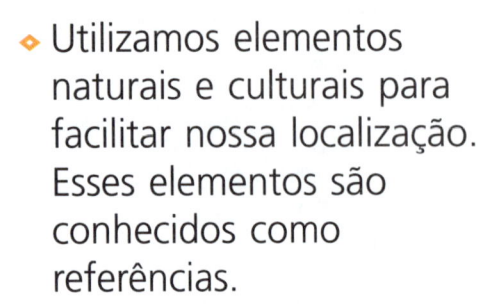

▶ As plantas usam cores para representar elementos, como visto na página 123.

- Utilizamos elementos naturais e culturais para facilitar nossa localização. Esses elementos são conhecidos como referências.

▶ O morro do Pão de Açúcar é considerado uma referência mundial, como mostra a página 126.

- Os mapas são representações de um espaço que nos trazem muitas informações. Os elementos que compõem um mapa são: título, legenda, escala e rosa dos ventos.

▶ Nossos ancestrais já utilizavam mapas para se localizar, como vimos na página 134.

Para finalizar, responda:
- Que elementos usamos para nos localizar?
- O que podemos utilizar como ponto de referência para localização de determinado lugar ou espaço?
- Em que situações você já usou um mapa?

Para ir mais longe

Livros

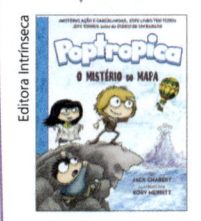

▶ **O mistério do mapa**, de Jack Chabert e Kori Merritt. São Paulo: Intrínseca, 2016.

Em uma viagem de balão, três amigos caem em uma ilha deserta. Lá encontram um mapa mágico e se aventuram em uma perigosa jornada para tentar encontrar o caminho de volta para casa.

▶ **Lição de Geografia**, de Ziraldo. São Paulo: Melhoramentos, 2010.

O bichinho da maçã mostra que sabe tudo de Geografia e ensina como são feitos e para que servem os mapas.

▶ **Minha mão é uma régua**, de Kim Seong-Eun e Oh Seung-Min. São Paulo: Callis, 2009.

Uma menina muito esperta descobre que as mãos podem medir o tamanho das roupas e os pés podem medir o comprimento dos cômodos de sua casa.

▶ **O que é que tem no seu caminho**, de Bia Villela (Moderna).

O livro incentiva você a se divertir enquanto observa seus caminhos diários. O que tem no seu caminho? Tem gente, tem ladeira? Tem padaria ou jornaleiro na esquina?

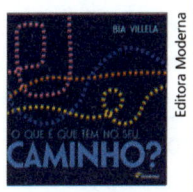

Filmes

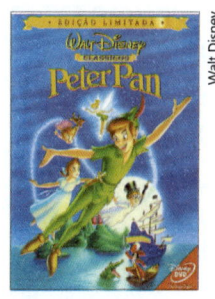

▶ **Peter Pan**. Direção de Hamilton Luske e Clyde Geronimi. Estados Unidos: Walt Disney, 1953, 77 min.

Peter Pan, o garoto que se recusa a crescer, viaja com um grupo de crianças até a Terra do Nunca. Em um mundo de fantasia, juntos, eles vivem muitas aventuras e até enfrentam o Capitão Gancho, que os persegue enquanto seu navio é seguido pelo crocodilo que comeu a mão dele.

Sites

▶ **IBGE educa – Brincadeiras:** <https://educa.ibge.gov.br/criancas/brincadeiras-2.html>.

A página contém diversos conteúdos e brincadeiras sobre mapas.

▶ **Cartografia escolar:** <www.cartografiaescolar.ufsc.br/index.htm>.

Apresenta explicações animadas sobre noções gerais de Cartografia, os diferentes tipos de mapas, seus usos e a evolução dessa ciência.

Referências

ALMEIDA, Rosângela Doin de. *Do desenho ao mapa:* iniciação cartográfica na escola. São Paulo: Contexto, 2010.

_____ (Org.). *Cartografia escolar.* São Paulo: Contexto, 2010.

_____ (Org.). *Novos rumos da Cartografia escolar:* currículo, linguagem e tecnologia. São Paulo: Contexto, 2011.

_____; PASSINI, Elza Y. *O espaço geográfico:* ensino e representação. São Paulo: Contexto, 2002.

ATLAS geográfico escolar. 7. ed. Rio de Janeiro: IBGE, 2016.

BRASIL. Ministério da Educação. *Base Nacional Comum Curricular*. Disponível em: <http://basenacionalcomum.mec.gov.br/images/BNCC_EI_EF_110518_versaofinal_site.pdf>. Acesso em: abr. 2019.

CARLOS, Ana Fani. *Novos caminhos da Geografia*. São Paulo: Contexto, 2002.

_____. *O lugar no/do mundo*. São Paulo: Labur Edições, 2007.

_____ (Org.). *A Geografia na sala de aula*. São Paulo: Contexto, 2010.

CASTELLAR, S.; CAVALCANTI, L.; CALLAI, H. (Org.). *Didática da Geografia:* aportes teóricos e metodológicos. São Paulo: Xamã, 2012.

_____ (Org.). *Educação geográfica:* teorias e práticas docentes. São Paulo: Contexto, 2010.

CASTRO, Iná (Org.). *Geografia:* conceitos e temas. Rio de Janeiro: Bertrand Brasil, 2010.

CASTROGIOVANI, A. C. *Geografia em sala de aula:* práticas e reflexões. Porto Alegre: UFRGS-AGB, 1999.

_____ (Org.). *Ensino de Geografia:* práticas e textualizações no cotidiano. Porto Alegre: Mediação, 2008.

CAVALCANTE, Lana de Souza. *O ensino de Geografia na escola*. Campinas: Papirus, 2012.

GIOMETTI, Analúcia B. R.; PITTON, Sandra E. C.; ORTIGOZA, Silvia A. G. *Leitura do espaço geográfico através das categorias:* lugar, paisagem e território. Unesp; Univesp, 2012. Disponível em: <www.acervodigital.unesp.br/bitstream/123456789/47175/1/u1_d22_v9_t02.pdf>. Acesso em: abr. 2019.

GODOY, Paulo Roberto Teixeira de (Org.). *História do pensamento geográfico e epistemologia em Geografia*. São Paulo: Cultura Acadêmica, 2010.

IBGE. *Cidades*. Disponível em: <https://cidades.ibge.gov.br/>. Acesso em: abr. 2019.

IBGE. *Educa*. Disponível em: <https://educa.ibge.gov.br/>. Acesso em: abr. 2019.

IBGE. *Noções básicas de Cartografia.* Rio de Janeiro, 1998. Disponível em: <https://biblioteca.ibge.gov.br/visualizacao/monografias/GEBIS%20-%20RJ/ManuaisdeGeociencias/Nocoes%20basicas%20de%20cartografia.pdf>. Acesso em: abr. 2019.

JOLY, Fernand. *A Cartografia*. Campinas: Papirus, 1990.

KATUTA, Ângela Massumi et al. *(Geo)grafando o território:* a mídia impressa no ensino de Geografia. São Paulo: Expressão Popular, 2009.

OLIVEIRA, Lívia de. Estudo metodológico e cognitivo do mapa. In: ALMEIDA, Rosângela Doin de (Org.). *Cartografia escolar*. São Paulo: Contexto, 2010.

PASSINI, Elza Yasuko. *Prática de ensino de Geografia e estágio supervisionado*. São Paulo: Contexto, 2007.

PONTUSCHKA, Nídia Nacib; PAGANELLI, Tomoko Lyda; CACETE, Núria Hanglei. *Para ensinar e aprender Geografia.* São Paulo: Cortez, 2007.

_____; OLIVEIRA, Ariovaldo Umbelino (Org.). *Geografia em perspectiva*. São Paulo: Contexto, 2002.

SANTOS, Milton. *Pensando o espaço do homem*. São Paulo: Edusp, 2007.

SIMIELLI, Maria Elena. *Primeiros mapas:* como entender e construir. São Paulo: Ática, 2010.

STRAFORINI, Rafael. *Ensinar Geografia:* o desafio da totalidade-mundo nas séries iniciais. São Paulo: Annablume, 2006.

VESENTINI, José W. (Org.) *Ensino de Geografia para o século XXI.* Campinas: Papirus, 2005.

Atividades para casa

Unidade 1

1 Assinale as alternativas corretas.

☐ Paisagem é tudo o que vemos e percebemos e que nossa visão alcança.

☐ As paisagens são diferentes.

☐ As paisagens nunca mudam.

☐ As paisagens têm formas, cores, sons e cheiros.

☐ Todas as pessoas percebem as paisagens da mesma maneira.

☐ As paisagens revelam as relações entre a sociedade e a natureza.

2 Numere a segunda coluna de acordo com a primeira.

1	elementos naturais
2	elementos humanizados
3	elementos naturais humanizados

☐ Existem sem que o ser humano os tenha construído ou modificado.

☐ Elementos naturais cuja organização e distribuição na paisagem foram determinadas pelos seres humanos.

☐ Aqueles criados ou modificados pelo ser humano.

3 Observe a paisagem ao redor da escola em que estuda. Que tipos de elemento predominam nela? Exemplifique.

_____

_____

_____

_____

4 Observe as fotografias do Teatro Amazonas e seu entorno em dois momentos diferentes.

▶ Manaus, Amazonas, cerca de 1970.   ▶ Manaus, Amazonas, 2015.

a) Com base nas imagens, podemos afirmar que as paisagens se modificam. Quais modificações ocorreram nessa paisagem?

_____

_____

b) Essas modificações ocorreram em um curto ou longo período de tempo?

_____

_____

5 Cite um exemplo dos seguintes elementos na paisagem:

a) elemento natural;

_____

b) elemento humanizado ou cultural;

_____

c) elemento natural humanizado.

_____

6 Como as paisagens podem ser representadas?

_____

_____

7 O texto a seguir descreve, por meio de registro escrito, uma paisagem. Transforme esse registro em desenho.

>   Da janela eu avistava, bem próximo à casa, um lindo campo. À direita do campo, havia um jardim com muitas flores coloridas, e à esquerda, três árvores frutíferas faziam a alegria da criançada. Depois do campo havia um muro que separava a propriedade e atrás da cerca, uma casa amarela com telhado marrom. O céu estava bem azul, sem nuvens, e o sol brilhava majestoso.

Texto produzido pelas autoras.

8 Observe a imagem e responda às questões.

▶ Floresta de coníferas nas Montanhas dos Cárpatos. Ucrânia.

Que elementos da paisagem se destacam:

a) no primeiro plano?

_____

b) no segundo plano?

_____

c) no terceiro plano?

_____

9 Na paisagem da atividade anterior, os elementos observados são:

☐ naturais.   ☐ humanizados.   ☐ naturais humanizados.

10 Em qual plano da paisagem os elementos estão mais visíveis e próximos de quem a observa?

_____

11 As paisagens revelam como diferentes sociedades se relacionam entre si e com a natureza. Cite um exemplo de como uma paisagem mostra uma desigualdade social.

_____

_____

12 Escreva **I** se a informação for referente aos indígenas, **Q** se for referente aos quilombolas e **QI** se for referente aos dois.

☐ Conservam as tradições que os antepassados trouxeram da África.

☐ Vivem em aldeias.

☐ Lutam para ter suas terras reconhecidas e protegidas.

☐ São os primeiros habitantes do Brasil.

13 Os quilombolas vivem em terras de antigos quilombos. Quem eram os habitantes dos quilombos?

_____

_____

_____

14 Complete o quadro identificando as áreas em que vivem esses povos ou comunidades tradicionais do Brasil.

RIBEIRINHOS	
CAIÇARAS	
SERTANEJOS	

15 Observe a imagem e depois responda às questões.

▶ Iranduba, Amazonas, 2015.

a) Que tipo de moradia está representada na imagem?

___

b) Ela é característica de qual povo ou comunidade tradicional?

___

c) Por que ela foi construída dessa forma?

___

___

___

___

16 O que é um croqui?

___

___

___

17 Escreva **S** para **sim** e **N** para **não** com relação à elaboração de um croqui.

☐ Não existem regras para a elaboração de um croqui.

☐ Deve-se manter a posição dos elementos que serão representados.

☐ Não é necessário manter a proporção quanto ao tamanho dos elementos representados.

☐ São utilizados símbolos, cores ou traços para representar os elementos observados.

☐ Os croquis podem variar em relação ao tipo de visão apresentada.

☐ Os croquis podem variar em relação à técnica de quem fez o desenho.

18 Observe o desenho a seguir.

a) Escolha uma das moradias e trace um caminho da escola até ela.

b) No caminho que você traçou, que elementos podem ser indicados como referência?

_____

_____

155

19 Faça um croqui que mostre o trajeto que você faz para ir de seu quarto até a cozinha de sua casa.

20 Escolha uma fotografia que mostre uma paisagem e faça o croqui dela. Utilize desenhos, símbolos ou cores para representar o que foi fotografado.

Unidade 2

1 Qual é o nome dado às diferentes formas da superfície terrestre?

_____

2 Quais são as maiores elevações da superfície terrestre?

_____

3 O que se determina utilizando o nível do mar como ponto de referência?

_____

4 Qual é a diferença entre erosão e sedimentação?

_____

_____

_____

5 Faça um desenho para mostrar a diferença entre erosão e sedimentação.

Erosão

Sedimentação

6 Quais agentes naturais transformam o relevo?

_____

_____

_____

7 O ser humano também é um agente transformador do relevo. Por que ele transforma o relevo?

_____

8 Cite um exemplo da ação humana na transformação no relevo.

_____

9 Assinale o item que completa corretamente cada frase.

a) _____ da superfície terrestre é coberta por água.

☐ Metade   ☐ A menor parte   ☐ A maior parte

b) Nas geleiras, a água encontra-se em estado _____.

☐ sólido   ☐ líquido   ☐ gasoso

10 Qual é a importância da água para os seres humanos?

_____

_____

_____

_____

11 Encontre no diagrama a seguir o nome das partes de um rio. Depois copie no caderno o nome dessas partes e explique cada uma delas.

R	Á	R	Z	E	A	Z	E	A	E	G	E	N
I	E	K	F	S	B	N	O	A	F	L	U	R	Q
A	Q	U	N	A	M	A	R	F	E	N	S	P	F
F	L	U	T	U	A	Ã	O	L	E	I	T	U	O
L	E	M	A	R	R	E	S	U	L	A	F	Á	Z
U	T	R	A	T	G	O	Z	N	E	M	R	E	A
E	V	A	E	Z	E	M	O	T	I	V	O	Z	P
N	A	S	C	E	N	T	E	I	T	O	R	I	O
T	O	E	N	O	S	H	J	F	O	C	A	S	P
E	V	I	N	Ã	S	E	N	T	E	L	E	T	O
N	O	A	E	N	U	R	I	O	F	Z	Ã	O	L

12 Observe a imagem e responda.

▶ Praia da Ilha do Fundão. Rio de Janeiro, Rio de Janeiro, 2016.

Luciana Whitaker/Pulsar Imagens

a) O que está poluindo as águas?
_____

b) O que deve ser feito para evitar essa poluição?
_____
_____
_____
_____
_____

159

13 Os rios servem como vias de transporte. Porém, quando há algum desnível, podem ser construídas eclusas para que o rio possa ser navegável. Explique o que são eclusas.

_____
_____
_____
_____

14 As condições climáticas também interferem em como as pessoas se vestem. Desenhe uma roupa adequada para cada situação e complete o desenho com características da paisagem nessas condições climáticas.

Calor

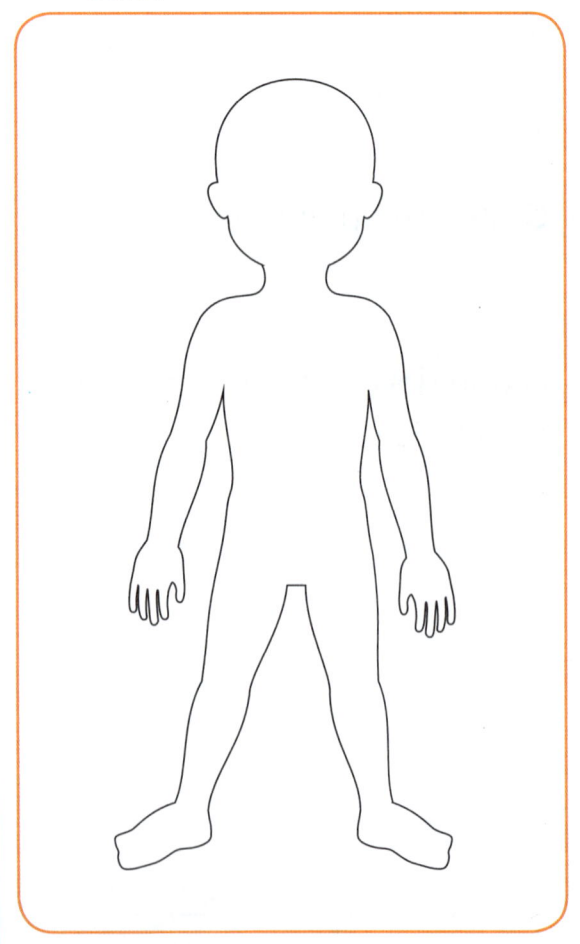

Frio

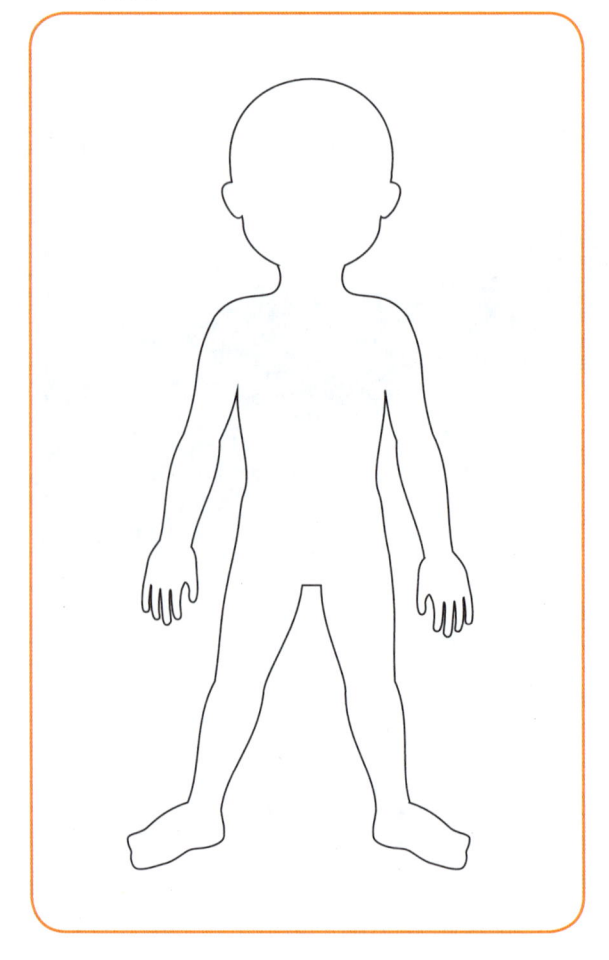

15 As condições climáticas interferem no lazer das pessoas. Como você se diverte quando o tempo está:

a) frio e chuvoso?

_____

b) ensolarado e quente?

_____

16 Relacione as formações vegetais, da primeira coluna, com a temperatura e a quantidade de chuvas, da segunda coluna.

1. plantas com espinhos

2. vegetação rasteira como os campos

3. árvores altas e muito próximas umas das outras

☐ clima quente e chuva o ano todo

☐ clima quente e pouca chuva

☐ clima frio e pouca chuva

17 Por que áreas sem cobertura vegetal tendem a ter temperaturas mais elevadas?

_____

_____

18 Explique como os fatores a seguir interferem na temperatura.

a) Proximidade do oceano:

_____

_____

b) Altitude:

_____

19 Compare as duas imagens e depois responda às questões.

a) Qual das duas imagens mostra um ambiente com melhor qualidade de vida? Cite os elementos que atestam esse fato.

_____

_____

_____

_____

_____

▶ Cametá, Pará, 2017.

▶ Tefé, Amazonas, 2016.

b) Quais são os problemas do ambiente que não apresenta boa qualidade de vida?

_____

_____

20 Cite ações que melhorariam o ambiente e a qualidade de vida dos moradores da foto 2 do exercício anterior.

_____

_____

_____

_____

21 Ligue o tipo de poluição com o elemento causador.

a) poluição do ar

b) poluição da água

c) poluição sonora

d) poluição visual

- pichação
- queimadas
- alarmes
- esgoto

22 Cite duas atitudes que você pode adotar que contribuam para diminuir a poluição do ar.

_____

_____

_____

23 De que forma a poluição sonora afeta a vida das pessoas?

_____

_____

_____

24 Cite duas atitudes que as pessoas podem adotar que contribuam para diminuir a poluição sonora.

_____

_____

_____

Unidade 3

1. Observe a sequência de imagens a seguir e, depois, faça o que se pede.

Gutto Paixão

a) Que alterações na paisagem podem ser observadas pela sequência de imagens?

_____
_____
_____
_____

b) Assinale a atividade que se destaca na paisagem.

☐ comércio ☐ indústria ☐ prestação de serviços

2. Cite duas características das paisagens urbanas.

_____
_____
_____
_____

3 Pinte as características que se referem ao espaço rural.

- plantações
- criações de animais
- grande número de construções
- extração de recursos naturais
- ruas e avenidas com grande movimento

4 Observe as imagens a seguir e responda às questões.

▶ Campo Grande, Mato Grosso do Sul, 2018.

▶ Tupirama, Tocantins, 2017.

a) As imagens mostram o espaço rural ou urbano?

_____

b) Que atividade é retratada nas imagens?

_____

c) Quais são as diferenças entre os lugares retratados nas imagens?

_____

_____

5 Ligue a atividade com a característica que pertence a ela.

a) agricultura

b) indústria

c) comércio

d) extrativismo

e) pecuária

- compra e venda de mercadorias
- transformação de produtos
- cultivo de plantas
- criação de animais
- extração (retirada) de produtos da natureza

6 Quais produtos de seu dia a dia são produzidos:

a) pelo cultivo de plantas? _____

_____

b) pela criação de animais? _____

_____

7 O que é solo?

_____

_____

8 Qual é a importância do solo?

_____

_____

9 Assinale as situações que comprometem a qualidade do solo.

☐ Os incêndios.

☐ O desmatamento.

☐ O destino adequado para o lixo.

☐ O uso de agrotóxicos.

10 Utilize o banco de palavras a seguir para identificar o assunto a que se referem as frases.

> extrativismo mineral   coleta seletiva   impermeabilização
> agrotóxicos   deslizamentos   incêndios   erosão

a) Quando impedimos a passagem da água da chuva com a presença de calçadas ou asfalto.
_____

b) Provocados pela retirada da vegetação em área de encostas.
_____

c) Possibilita o destino correto do lixo. _____

d) Desgaste do solo, aumentado pela derrubada de árvores.
_____

e) Provoca a abertura de crateras no solo com a retirada de minérios.
_____

f) Substâncias utilizadas para combater pragas que atacam as plantações. _____

g) Visam limpar o terreno para o plantio, mas causam poluição do ar.
_____

11 Descreva duas ações humanas que indicam cuidados com o solo.
_____
_____

12 Em quais situações ou atividades a água é fundamental no dia a dia?

_____

_____

13 Identifique as imagens de acordo com o uso da água que ela representa.

a) criação de animais　　b) plantações　　c) transporte　　d) lazer

14 Escreva sobre a importância da mata ciliar.

_____

_____

15 Complete o quadro com ações relacionadas à utilização da água.

ADEQUADAS	INADEQUADAS

16 Substitua os números por letras e descubra situações em relação à água.

A	E	I	C	R	Ú	L	S	G	O	Ç	M	N	T	Ã
1	2	3	4	5	6	7	8	9	10	11	12	13	14	15

a) Consiste em levar água às áreas onde falta água para o plantio.

3	5	5	3	9	1	11	15	10

_____

b) Quando a água é utilizada novamente em situações cotidianas.

5	2	6	8	10

_____

c) Mata presente nas margens de um rio.

4	3	7	3	1	5

_____

d) Quando o solo é carregado para dentro do rio, tornando-o mais raso ou com terra em suas margens.

1	8	8	10	5	2	1	12	2	13	14	10

_____

17 Encontre no diagrama o nome dos serviços essenciais que compõem o saneamento básico.

R	V	O	R	Z	J	A	Z	E	A	E	G	E	F	G	O
I	E	E	F	S	B	N	O	A	F	L	P	R	L	I	K
E	Q	S	N	A	M	A	R	F	T	N	S	O	*	D	E
D	L	G	T	U	A	Ã	O	L	*	I	H	U	G	A	R
L	C	O	L	E	T	A	*	D	E	*	L	I	X	O	Á
U	T	T	A	T	G	O	Z	N	E	M	T	E	B	Á	S
H	V	O	E	Z	P	Á	G	U	L	V	O	Z	C	S	O
N	A	S	Q	E	N	J	*	I	T	O	R	I	A	L	I
T	O	E	N	O	S	H	J	F	O	C	A	S	R	D	G
Á	G	U	A	*	T	R	A	T	A	D	A	T	J	X	A

18 Escreva sobre a importância do saneamento básico.

___
___
___
___

19 Que cuidados você procura ter em relação ao meio ambiente?

___
___
___
___

20 Pinte as expressões de acordo com as cores indicadas.

■ Demonstram cuidados com o ambiente   ■ Prejudicam o ambiente

- Conservar a vegetação.
- Retirar a vegetação que protege o solo.
- Tratamento do lixo.
- Preferência por objetos descartáveis.
- Falta de tratamento de esgotos.
- Coleta seletiva do lixo.
- Evitar desperdícios.
- Reúso da água.
- Tratamento da água.

21 Descreva dois problemas decorrentes da falta de coleta seletiva do lixo.

_____
_____
_____

22 Cite três atitudes que você pode adotar que colaboram para a redução do lixo.

_____
_____
_____

23 Cite um exemplo de reutilização de materiais para a redução do lixo.

_____
_____

24 Leve cada resíduo sólido até o recipiente adequado ao descarte dele. Considere a cor das lixeiras.

Unidade 4

1 O que é uma planta?

_____

_____

_____

2 Assinale a imagem que representa uma planta.

3 Descreva duas situações em que podemos utilizar uma planta.

_____

_____

4 Em uma planta o local é representado:

☐ visto de cima.   ☐ com uma visão frontal.

5 Observe a fotografia e a planta a seguir e, depois, faça o que se pede.

Google Earth, 2019

Gutto Paixão

- Ligue o elemento fotografado à sua representação correspondente na planta.

6 Agora é sua vez! Represente o local fotografado a seguir, como na atividade anterior.

7 Dê exemplos de elementos que podem ser utilizados para indicar a localização.

Elementos naturais → _____
_____

Elementos culturais → _____
_____

8 Desenhe um elemento natural ou cultural que pode ser utilizado para localizar sua moradia.

9 Observe os caminhos que André faz para ir até a escola e para voltar dela. Depois descreva o caminho que ele faz da moradia até a escola, indicando os pontos de referência.

_____
_____
_____

10 Com base na ilustração da atividade anterior, descreva os elementos que André pode observar e utilizar como pontos de referência na volta para sua moradia.

_____
_____

177

11 Complete os espaços com informações referentes aos mapas.

a) Os mapas são representações _____ dos espaços.

b) Os mapas são feitos sobre uma superfície _____, como uma folha de papel.

c) Para a produção de mapas são utilizadas imagens _____, isto é, de cima para baixo.

12 Como podem ser obtidas as imagens para a produção dos mapas?

_____

_____

_____

13 Assinale a imagem que representa uma fotografia aérea.

14 Escreva o nome de três elementos retratados nas imagens da questão anterior.

_____

_____

_____

15 Observe a seguir a fotografia de uma área urbana. Depois assinale a imagem que representa a visão vertical da paisagem fotografada.

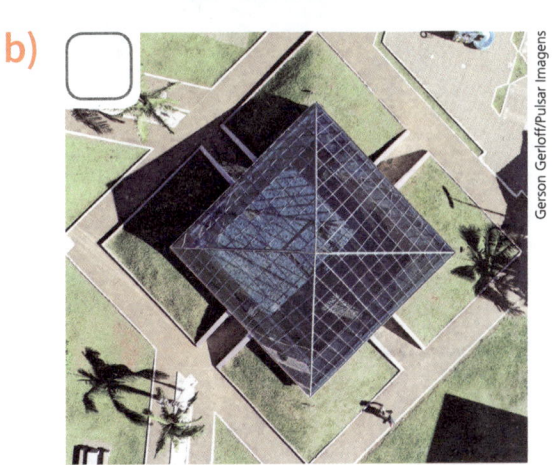

a) ☐

b) ☐

16 Assinale as alternativas corretas.

a) Texto explicativo que indica o significado dos símbolos, cores ou desenhos utilizados no mapa.

☐ legenda ☐ escala ☐ rosa dos ventos ☐ título

b) Indica a orientação e as direções nos mapas.

☐ legenda ☐ escala ☐ rosa dos ventos ☐ título

c) Informa espaço e tema representados no mapa.

☐ legenda ☐ escala ☐ rosa dos ventos ☐ título

d) Estabelece a relação entre a dimensão real e o tamanho da representação em um mapa.

☐ legenda ☐ escala ☐ rosa dos ventos ☐ título

17 Observe o mapa a seguir e responda às questões.

Rio Grande do Norte: hidrografia

Fonte: José Lacerda Alves Felipe e Edilson Alves de Carvalho. *Atlas escolar Rio Grande do Norte*. João Pessoa: Grafset, 2006.

a) Que espaço o mapa representa?

_____

b) Qual é o tema apresentado pelo mapa?

_____

18 No mapa da questão anterior, 1 cm representa quantos quilômetros no espaço real?

_____

19 De que forma os elementos do espaço foram representados no mapa da questão 17?

_____

Caderno de cartografia

Esboço da paisagem

Vamos elaborar um esboço de paisagem? Nele estarão desenhados seus principais elementos. Para isso, você deve cumprir as etapas a seguir.

1. Observe a paisagem fotografada. Os quadrinhos incluídos facilitam a localização dos elementos.

2. No segundo quadro desenhe essa mesma paisagem. Considere os quadrinhos incluídos na fotografia para desenhar os elementos na localização correta.

▶ Carmo de Minas, Minas Gerais, 2016.

Fotografias da paisagem

Observe as fotografias. Elas apresentam diferenças decorrentes da distância em que foram tiradas.

▶ Caxambu, Minas Gerais, 2016.

▶ Caxambu, Minas Gerais, 2016.

Agora responda às questões.

1 Em qual fotografia foi possível uma visão mais ampla da paisagem registrada, mas com menor detalhamento?

_____

2 Qual fotografia apresentou mais detalhes do que foi registrado? Por quê?

_____

3 Considerando a primeira fotografia, o que podemos observar em cada um dos planos da paisagem?

a) Primeiro plano: _____.

b) Segundo plano: _____.

c) Terceiro plano: _____.

Mapa da previsão do tempo

Observe o mapa da previsão do tempo no Brasil para o dia 5 de abril de 2017 e depois, no caderno, faça o que se pede.

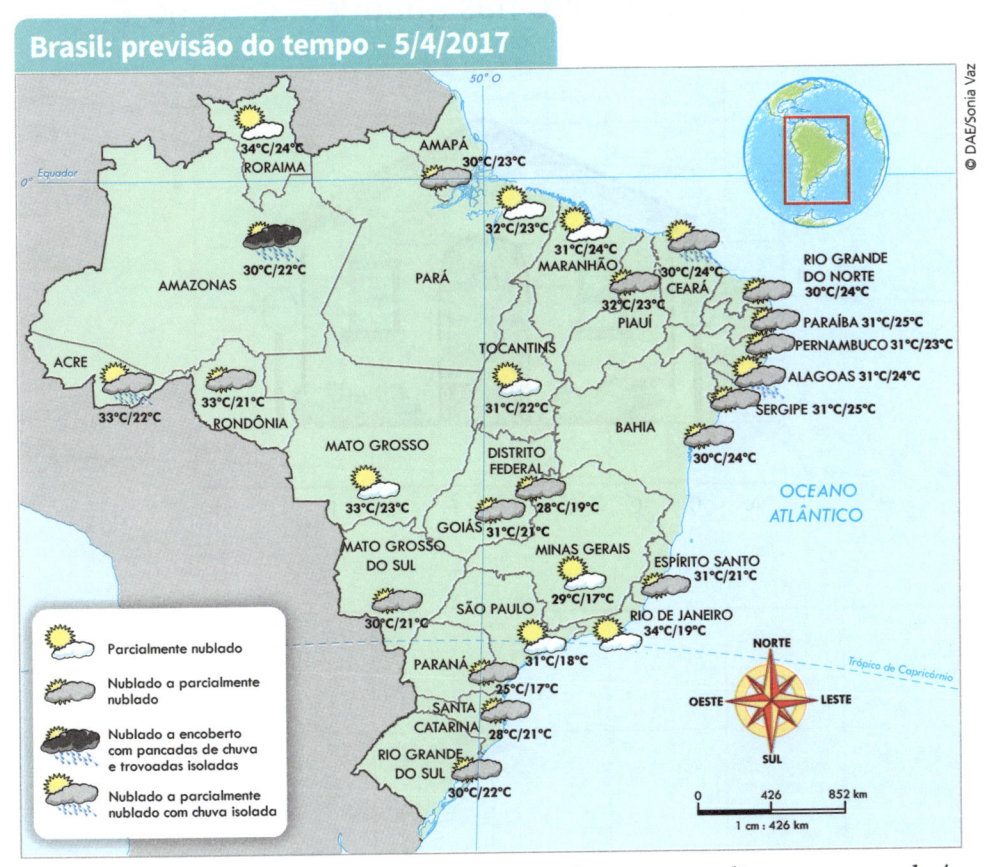

Fonte: Climatempo. Disponível em: <www.climatempo.com.br/>
Acesso em: abr. 2019.

1. Quais são os símbolos utilizados para representar os estados do tempo?

2. Qual é a previsão do tempo para o estado onde você mora?

3. Cite o nome de dois estados onde a condição do tempo é diferente da de seu estado.

4. Escreva o nome de um estado onde há previsão de tempo:

   a) nublado a parcialmente nublado com chuva isolada;

   b) parcialmente nublado;

   c) nublado a encoberto com pancadas de chuva e trovoadas isoladas.

Redução e ampliação de desenho

Vamos ampliar uma imagem mantendo as devidas proporções? Para isso, você deve reproduzir todo o desenho nas quadrículas maiores, respeitando o que está desenhado nas quadrículas menores.

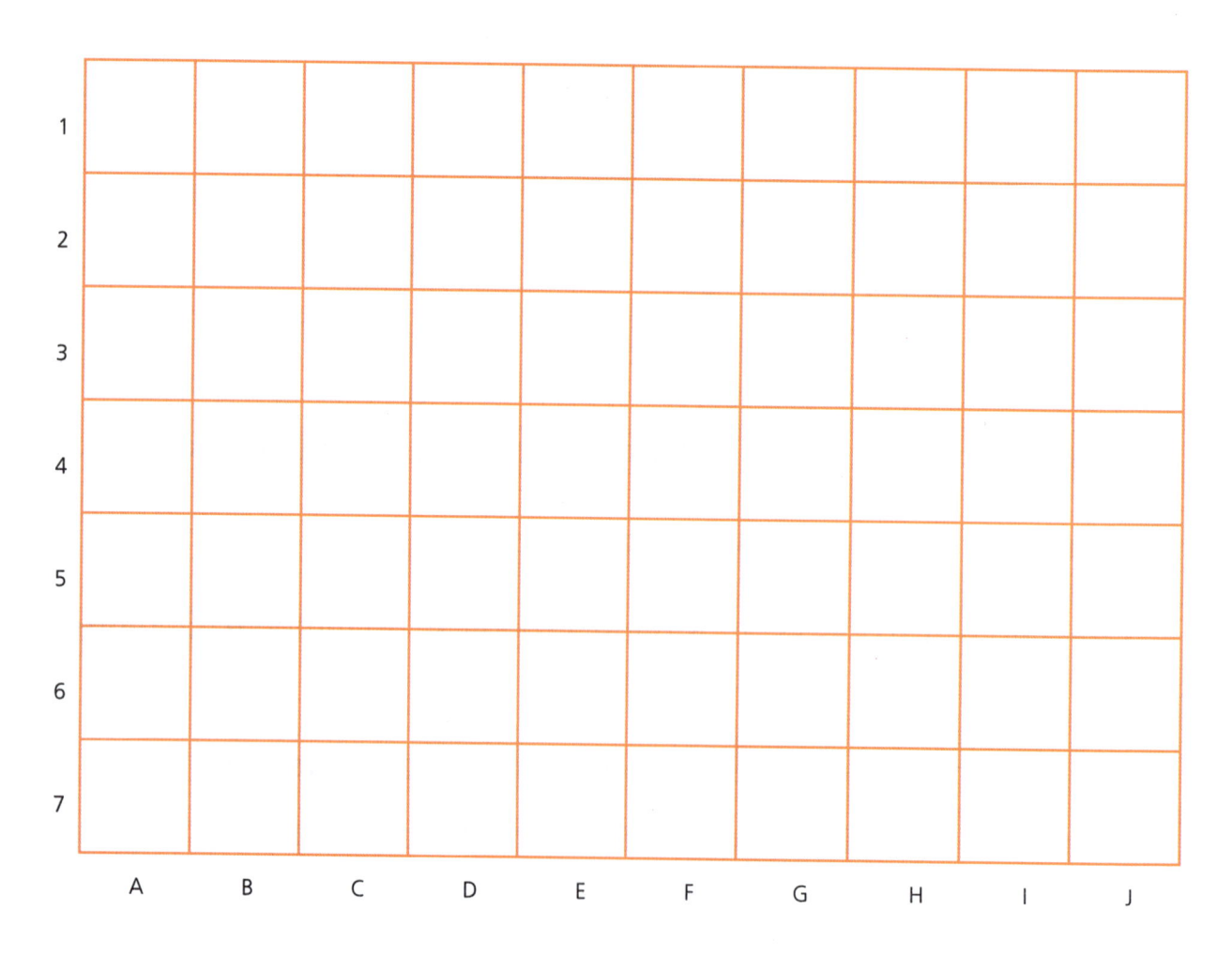

Encartes

Peças para a atividade da página 23.

▶ Festa junina em Campina Grande, Paraíba, 2015.

▶ Sítio Arqueológico São Miguel Arcanjo, em São Miguel das Missões, Rio Grande do Sul, 2016.

▶ Favela Santa Marta e prédios ao fundo. Rio de Janeiro, Rio de Janeiro, 2015.

▶ Distrito industrial em Manaus, Amazonas, 2014.

Recortar

Peças para a atividade da página 67.

Recortar

SEGUNDA-FEIRA	TERÇA-FEIRA	QUARTA-FEIRA	QUINTA-FEIRA	SEXTA-FEIRA

Tabuleiro para a atividade da página 90.

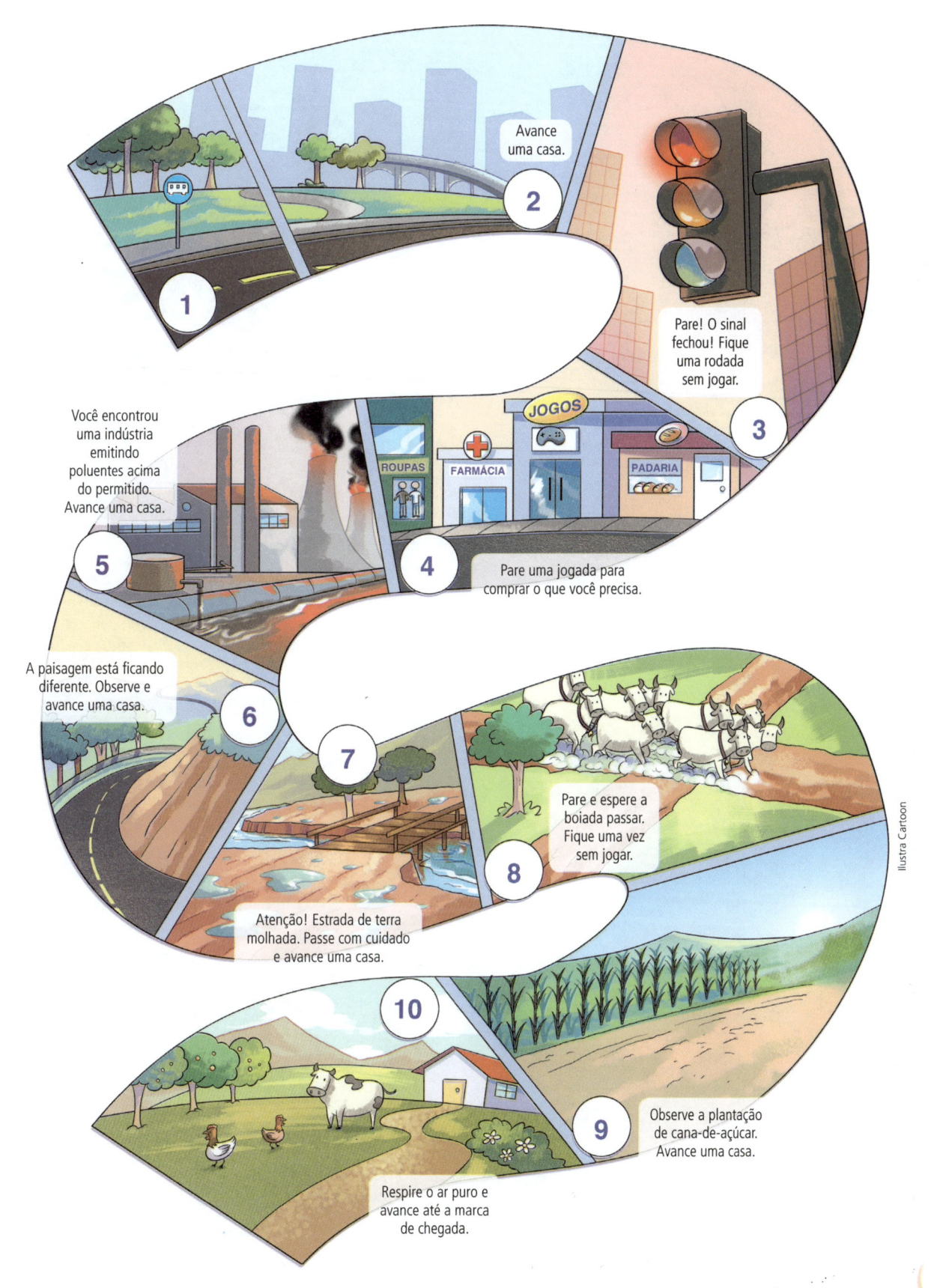

1.
2. Avance uma casa.
3. Pare! O sinal fechou! Fique uma rodada sem jogar.
4. Pare uma jogada para comprar o que você precisa.
5. Você encontrou uma indústria emitindo poluentes acima do permitido. Avance uma casa.
6. A paisagem está ficando diferente. Observe e avance uma casa.
7. Atenção! Estrada de terra molhada. Passe com cuidado e avance uma casa.
8. Pare e espere a boiada passar. Fique uma vez sem jogar.
9. Observe a plantação de cana-de-açúcar. Avance uma casa.
10. Respire o ar puro e avance até a marca de chegada.

Ilustra Cartoon

Peças para a atividade da página 104.

Ilustrações: Estúdio Kiwi